PARCE QUE VOUS ÊTES
UNIQUE...
... VOUS RÊVIEZ D'UN GUIDE
SUR MESURE
Mon guide sur Mesure
En seulement quelques clics à partir de 1,90€
Pour votre prochain voyage, créez votre guide Petit Futé sur mesure
Un guide unique pour un voyage unique !
Comment faire ?
Mon trajet
Mon contenu
Mes options
Ma couverture
Bangkok – Bali – Hanoi
Road Trip USA Canada
De Vancouver à Los Angeles
A VOUS DE JOUER !
my petit fute
mon guide sur mesure
WWW.MYPETITFUTE.COM

8 KM
Baie de Somme
Baie de l'Authie
Fort-Mahon-Plage
Quend-Plage
D940
D32
Monchaux
Quend
Saint-Quentin-en-Tourmont
Réserve Naturelle Baie de Somme
D4
D940
La Manche
Le Crotoy
Baie de la Somme
La Mollière d'Aval
Brighton
D3
Cayeux-sur-Mer
Sallenelle
D177
Lanchères
D940
D2
Arrest
Saint-Blimont
D48
D102
Woignarue
D63
Bourseville
Nibas
Bois de Cise
Ault
Friville-Escarbotin
D940
St-Quentin-la-Motte-Crx-au-Bailly
Mers-les-Bains
D925
Woincourt
Yzengremer
Feuquières-en-Vimeu
Le Tréport
Eu
D80
D29

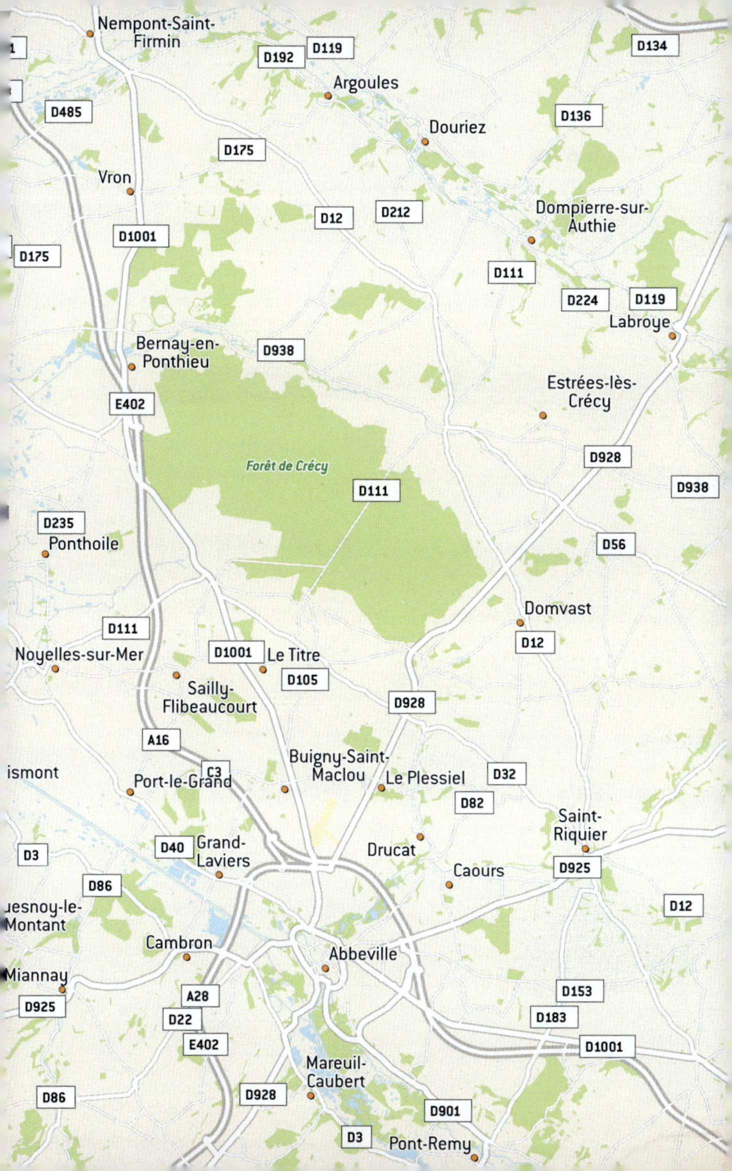
Nempont-Saint-Firmin
D192
D119
D134
Argoules
D485
Douriez
D136
D175
Vron
D12
D212
Dompierre-sur-Authie
D1001
D175
D111
D224
D119
Labroye
Bernay-en-Ponthieu
D938
Estrées-lès-Crécy
E402
D928
Forêt de Crécy
D111
D938
D235
Ponthoile
D56
Domvast
D111
D12
Noyelles-sur-Mer
D1001
Le Titre
D105
Sailly-Flibeaucourt
D928
A16
Buigny-Saint-Maclou
ismont
C3
Port-le-Grand
Le Plessiel
D32
D82
Saint-Riquier
D3
D40
Grand-Laviers
Drucat
D86
Caours
D925
D12
uesnoy-le-Montant
Cambron
Abbeville
Miannay
D153
A28
D925
D22
D183
E402
D1001
Mareuil-Caubert
D86
D928
D901
D3
Pont-Remy

Promenade à marée basse entre Saint-Valéry-sur-Somme et Le Crotoy.

BIENVENUE EN BAIE DE SOMME !

© DAVID HUGHES – STOCK.ADOBE.COM

Les cabines de plage de Mers-les-Bains.

Immensité d'eau, de végétaux et de sable, modelée par mille nuances de lumière, la baie de Somme forme un trait d'union majestueux entre ciel, terre et mer. Autour de cet estuaire se déploie un paysage varié tissé de dunes, de falaises, de galets, de prairies et de marais. Labellisée Grand Site de France depuis 2011, la baie s'étend sur 70 km², allant de Saint-Quentin-en-Tourmont au nord à la pointe du Hourdel à Cayeux-sur-Mer au sud. La nature y est ardente, et modèle sans cesse le paysage. Si depuis 1999 elle fait partie du club des plus belles baies du monde, la baie de Somme est surtout reconnue pour sa richesse écologique. Inscrite dans le parc du Marquenterre, par sa situation géologique et sa flore remarquable, elle offre en effet un lieu de repos et d'alimentation aux oiseaux d'eau, aux limicoles, mais aussi aux phoques, que l'on peut voir se prélasser sur les bancs de sable de la baie. À marée basse, il est courant de voir les moutons brouter : ce sont les fameux moutons du « pré-salé », dont la chair à la saveur particulière fait l'objet d'une appellation AOC. Enfin, la baie de Somme offre de jolies balades, à vélo par la piste cyclable qui relie Le Crotoy à Saint-Valery-sur-Somme, ou en train à vapeur !

© GREGOIRE – STOCK.ADOBE.COM

Marais du Crotoy.

SOMMAIRE

© GWENGOAT - ISTOCKPHOTO.COM

Vue sur Mers-les-Bains.

DÉCOUVERTE

DE LIEUX EN LIEUX

ORGANISER SON SÉJOUR

Retrouvez cette offre en page 93

DÉCOUVERTE

LES IMMANQUABLES

BAIE DE SOMME

Observer les phoques

Image d'Epinal de la baie de Somme, la colonie des phoques est l'une des plus importantes de France. Elle regroupe en effet la majeure partie de la population de phoques veaux-marins des côtes françaises. Celle-ci est complétée par une petite colonie de phoques gris. Tout au long de l'année, vous pouvez apercevoir ces phoques au Crotoy, à Saint-Valery dans le port, aux écluses et le long des quais au Cap Hornu, depuis la plage du Hourdel ou encore sur les bancs de sable en baie d'Authie. Attention tout de même, il s'agit d'une espère menacée que vous ne devrez pas déranger. On peut les observer toute l'année, même si la meilleure période est la fin du printemps et le début de l'été.

Le parc du Marquenterre

Avec ses 220 ha de dunes, de forêts et de marais, le Parc du Marquenterre préserve toute la richesse de la faune et de la flore de la baie de Somme. Venus de toute l'Europe, les oiseaux migrateurs y font escale, les uns pour un instant, les autres pour la saison entière. Au sein du parc, vous aurez le choix entre trois itinéraires, allant de 45 minutes à un peu plus de 2 heures pour faire le tour du parc. Le premier sentier, idéal à faire avec des enfants, permet de se familiariser avec les principales espèces d'oiseaux de la baie. Tout au long de votre promenade, vous rencontrerez sûrement des animateurs-nature. N'hésitez pas à les solliciter, ils ont toutes les réponses à vos questions… Tout est source de découverte au rythme des saisons : au printemps, la belle et rare avocette parade et niche, des tadornes disputent les terriers aux lapins de garenne… En juillet, les dunes se couvrent de fleurs jaunes, les onagres, qui naissent le soir et se fanent le matin. Pour faire plaisir aux enfants, vous pouvez aussi y faire une balade en calèche. Et surtout, n'oubliez

Blason de la Somme

Le blason de la Somme se définit ainsi : écartelé, au premier et au quatrième, d'azur à trois fleurs de lys d'or ; au deuxième et au troisième, d'argent à trois lionceaux de gueules ; à la fasce ondée d'argent brochant sur le tout.

Carte d'identité

- **Numéro du département :** 80 (Somme).
- **Population :** 20 000 habitants environ.
- **Superficie :** 72 km^2.
- **Principales villes :** Le Crotoy, Saint-Valery-sur-Somme.
- **Nombre de communes :** 25.
- **Région d'appartenance :** les Hauts-de-France.
- **Cours d'eau principal :** la Somme.

pas de louer des jumelles, absolument nécessaires pour contempler la beauté de ce parc.

La plage du Crotoy

L'un des bonheurs du Crotoy est de pouvoir profiter de grandes plages de sable fin (exposées plein sud) en centre-ville ! En revanche, il faut bien penser à consulter les horaires des marées pour savoir si vous aurez de la marche ou pas pour vous baigner et surtout profiter de la mer en toute sécurité... Aux beaux jours, des cabines de plage s'ouvrent sur la digue, donnant un air de fête et un charme certain à la station balnéaire. Enfin, avis aux riders, sachez que Le Crotoy est un spot reconnu pour la pratique de kitesurf, sport de prédilection dans la baie de Somme. Soyez cependant vigilant aux forts courants.

Saint-Valery-sur-Somme

A la sortie sud de l'estuaire de la Somme, Saint-Valery, petite cité médiévale qui bénéficie du label Pays d'Art et d'Histoire, a tout pour séduire avec son patrimoine historique très important, sa digue-promenade le long du chenal bordée de villas anciennes, son quartier de pêcheurs aux maisonnettes colorées et son port. « Dis-moi où tu habites, comme tu habites, et je te dirai qui tu es. » : cet adage ne se vérifie jamais aussi bien qu'à Saint-Valery. La ville marque ses habitants et leur forge parfois des destins d'exception. Saint-Valery, tout comme le reste de la baie de Somme, fut aussi une cité qui inspira de grands artistes comme Degas, Victor Hugo ou Colette.

Le charmant village de Saint-Valery-sur-Somme.

GÉOGRAPHIE

Climat

Températures moyennes. La température moyenne annuelle dans la baie de Somme est d'environ 11 °C. L'hiver est plutôt doux, avec des températures comprises entre 2 et 4 °C, rarement inférieures à 0 °C. On compte en moyenne une vingtaine de jours de gel. Pour autant, les hivers sont qualifiés de difficiles à cause des pluies fréquentes et des coups de vent qui peuvent être violents (plus de 130 km/h). Lors de la saison estivale, la température dépasse timidement la barre des 20 °C en moyenne, mais il peut y avoir de belles surprises et des « canicules » nordistes...

Ensoleillement. La baie de Somme peut proposer de belles journées ensoleillées, même si elles ne sont pas très nombreuses (environ 1 700 heures et près de 50 jours de fort ensoleillement par an).

Précipitations. Elles sont régulières tout au long de l'année (on note entre 8 et 13 jours de pluie par mois en moyenne), même s'il pleut plus fréquemment entre novembre et mars.

Phénomènes naturels. L'amplitude thermique est faible. Cela est dû à la présence de la mer qui protège la région de fortes dépressions. Le caractère océanique étant plus marqué sur les côtes que dans les terres, si vous êtes à Lille ou ailleurs dans les terres et que vous souhaitez vous rendre dans la baie de Somme, vous pouvez retirer un à deux degrés pour évaluer la température sur la côte ! Prévoyez donc une petite laine !

Point météo. Si le littoral de la Manche n'est pas reconnu pour son taux d'ensoleillement comparé à d'autres régions, la baie de Somme a des lettres de noblesse à gagner au niveau de la luminosité ! Dans de bonnes conditions, les couchers de soleil sont splendides et uniques. Oui, il pleut (parfois), oui, la mer et les vents d'ouest dominants apportent (parfois fréquemment) des masses d'air humide, mais les évacuent tout aussi vite. Mais ne dit-on pas que le soleil est à chercher ailleurs ? Dans le cœur des gens, par exemple !

Relief

Paysages caractéristiques. Autour de l'estuaire de la baie de Somme se déploie un paysage varié tissé de dunes, de falaises, de galets, de prairies et de marais.

Cours d'eau et vallées. Au sud se déversent les eaux de la Somme, canalisées depuis Abbeville. Au nord, elle est irriguée par la Maye. La Somme, fleuve long de 245 km, prend sa source sur la commune de Fonsomme dans l'Aisne. Partout où elle passe, la Somme laisse des traces : l'un des deux départements qu'elle traverse porte

© ALONBOU – STOCK.ADOBE.COM

Vue aérienne de Saint-Valery-sur-Somme et des mollières alentour peu à peu envahies par la mer.

son nom ; elle se jette dans la Manche à Saint-Valery-sur-Somme et a donné son nom à l'une des plus belles baies du monde. La Maye est un petit fleuve côtier de 37,7 km qui prend sa source à Fontaine-sur-Maye pour se jeter dans l'estuaire de la Somme. Elle constitue la limite entre les villes de Saint-Quentin-en-Tourmont au nord et du Crotoy au sud.

Dunes et plateau. Si la baie de Somme est surtout connue pour son littoral, le pays n'est pas qu'une côte... En s'enfonçant dans les terres au nord de la baie, on gravit la dune blanche, la dune grise couverte de mousses, puis la dune boisée. On arrive ensuite dans les Bas-Champs, puis dans les marais arrière-littoraux, avant de remonter sur le plateau agricole. Au sud, le cordon de galets était autrefois ouvert, abritant une lagune. Aujourd'hui fermé, il sépare la mer des Bas-Champs. Traversant ceux-ci, on butte ensuite sur la falaise morte, qui marque l'ancien littoral et le début du plateau crayeux.

Marais. Le marais du Crotoy, appelé « Petite Camargue du Nord », est souvent comparé à la Camargue, par la richesse de sa faune et sa flore. On y rencontre de nombreux oiseaux migrateurs, mais aussi quelques chevaux Henson.

Géologie. L'origine de la baie de Somme est hydrologique, mais certainement aussi tectonique avec un jeu de failles datant probablement du Quaternaire.

Littoral

Mer. La Manche. Le littoral de la baie de Somme s'étend sur 72 km, dont seuls 15 % sont urbanisés.

Côtes. Après la baie d'Authie, petite sœur sauvage de sa célèbre voisine, on parcourt le massif dunaire du Marquenterre, classé au titre de la législation sur la protection des monuments naturels et des sites, avant d'arriver en baie par la pointe de Saint-Quentin-en-Tourmont.

Cinq kilomètres ouvrent l'estuaire sur la Manche. De l'autre côté, la pointe du Hourdel est également classée avec le Cap Hornu au titre de la même législation sur les sites naturels. Depuis le Hourdel s'étire un cordon de galets. À Ault, il laisse place à la falaise vive qui surplombe la mer. On la suivra sur six kilomètres jusqu'à Mers-les-Bains, où la Bresle s'écoule à la frontière de la Normandie.

Plages. Dans la baie de Somme, on trouve de longues plages de sable à Fort-Mahon-Plage, Quend-Plage, Le Crotoy, Saint-Valery-sur-Somme et Cayeux-sur-Mer.
La plage du Crotoy est l'unique plage du nord a être exposée plein sud ! Il y fait bon se détendre, mais aussi pratiquer quelques activités comme le char à voile ou une balade à cheval à marée basse. La plage de Saint-Valery-sur-Somme, même si la baignade y est interdite à cause des marées, est une aubaine pour se prélasser le long de l'estuaire de la Somme. Peut-être entendrez-vous le cri de quelques phoques pendant votre sieste ? Enfin, la plage de Cayeux-sur-Mer offre un tout autre panorama et annonce les plages de galets de la Seine-Maritime. Il vaut mieux prévoir des chaussures spéciales pour éviter de vous faire mal aux pieds !

Ports. On trouve trois ports de plaisance dans la baie : le port de Saint-Valery-sur-Somme, celui du Crotoy et celui du Hourdel.

FAUNE ET FLORE

Phoque dans la baie de Somme.

Faune

Mammifères. Si les mammifères sont nombreux dans la région, ils sont malheureusement aussi nombreux sur la liste des espèces menacées. Parmi ces espèces en danger, on trouve par exemple le chat forestier, la musaraigne, la belette, l'hermine, le putois, l'écureuil roux ou encore le lièvre. A signaler tout de même, dès la tombée de la nuit, vous croiserez facilement le seul mammifère qui puisse voler : la chauve-souris !

Le cheval Henson. Équidés emblématiques de la baie de Somme, les chevaux Henson sont issus d'un croisement entre des poneys Fjord et des chevaux de selle dans les années 1970. Ils sont adaptés à la balade, d'ailleurs

Chevaux Henson dans le parc de Marquenterre.

si vous effectuez une promenade en baie de Somme, vous la ferez très certainement à dos de Henson ! Ils vivent une partie de l'année dans les marécages de la baie.

Reptiles. Vous trouverez ici des vipères péliades ou des couleuvres à collier. Certes, ces quelques serpents ne courent pas les rues mais votre recherche faunistique pourra toujours s'agrémenter de quelques lézards des murailles !

Oiseaux. La vallée de la Somme et ses marais mais surtout la Picardie maritime offrent un cadre écologique qui rassemble de nombreux oiseaux migrateurs. Ainsi, 300 espèces sont recensées dans le superbe parc ornithologique du Marquenterre, où la vie est différente à chaque saison. Arrivent avec le froid de nombreux canards nordiques, comme la sarcelle d'hiver ou le canard chipeau. Quand viennent les beaux jours, le parc devient une nurserie et on peut admirer les parades des oiseaux qui s'y reproduisent, comme les spatules blanches, alors qu'en automne les oies cendrées survolent la baie par milliers.

Poissons. Les eaux généreuses de la Manche fournissent en abondance soles, carrelets, turbots, grondins, bars et harengs. Pour le plus grand plaisir des gourmands, on trouve aussi des coquilles Saint-Jacques, des crevettes, des coques, des moules de bouchot... Côté poissons d'eau douce, vous pourrez trouver anguilles, carpes, brochets ou silures.

Les phoques. Espèce menacée et symbolique de la baie de Somme, les phoques sont l'une des attractions de la région. Il faut dire que la plus grande partie des phoques veaux-marins (accompagnés aussi de quelques petits phoques gris) que l'on peut observer en France se trouve ici. Si vous pourrez en voir toute l'année, c'est entre mai et juin que l'on peut observer les petits lorsque les femelles viennent de mettre bas. Attention à ne pas s'approcher à moins de 100 mètres.

Flore

Côté flore, on s'arrêtera en milieu salin sur la salicorne, une petite plante qui pousse sur le sable, les pieds dans l'eau de mer. Croquante, salée, la salicorne se déguste fraîche en saison, en salade ou pour accompagner un poisson, et en bocaux le reste de l'année. Les gourmets cueilleront également des « oreilles de cochon » – l'aster maritime –, autre plante typique du milieu. Non loin, on repérera aussi l'aster ou le chou marin. Dans les dunes place à l'oyat, cette plante aux feuilles coupantes et aux racines très profondes qui est utilisée pour fixer le sable et protéger du vent l'intérieur des terres. L'oyat est fragile, attention à ne pas la piétiner. On trouvera aussi dans cet écosystème le panicaut maritime, le liseron des sables ou l'epipactis des marais.

Parcs et réserves naturelles

Réserves naturelles

Ce Grand Site de France, qui rassemble 38 000 hectares, compte deux réserves naturelles exceptionnelles : la Réserve naturelle nationale de la Baie de Somme et le Parc du Marquenterre.

Réserve naturelle nationale de la Baie de Somme. Située au nord-ouest de la baie de Somme à la pointe de Saint-Quentin-en-Tourmont, la Réserve naturelle nationale de la Baie de Somme est essentiellement composée d'une grande zone maritime et d'une petite zone terrestre. Elle accueille la plus grande colonie de phoques veaux marins en France et de nombreuses espèces d'oiseaux, dont certaines, comme la spatule d'Europe et l'avocette, sont protégées sur le plan européen. La réserve protège également de nombreuses variétés de plantes et de fleurs, dont des espèces rares comme le liparis de Loesel, une petite orchidée protégée.

Parc du Marquenterre. Situé au cœur de la Réserve naturelle nationale de la Baie de Somme, ce haut lieu de l'ornithologie abrite depuis 40 ans plus de 300 espèces d'oiseaux migrateurs. Avec ses 200 ha de dunes, de marais et de roselières, il sert de refuge et de lieu de reproduction à des milliers d'oiseaux venant de tous horizons. Le parc possède 3 parcours d'une durée de 45 minutes à 2 heures, 12 postes d'observation et organise des visites guidées.

HISTOIRE

La lecture de ces vastes étendues ne pourrait être complète sans celle des traces que les bâtisseurs y ont laissées, témoins de leur manière d'habiter les lieux au fil des siècles.

© JORISVO – SHUTTERSTOCK.COM

Vitrail de l'église Saint-Martin, Saint-Valery-sur-Somme.

Antiquité

Cité au riche passé, Saint-Valery-sur-Somme aurait été un comptoir grec, puis un port romain par lequel transitait le commerce de l'étain vers la Grande-Bretagne et le pays de Galles.

Moyen Âge

Après les grandes invasions barbares qui suivirent l'occupation romaine, la christianisation de la Picardie entraîne la construction de grandes abbayes, dont celle de Saint-Valery-sur-Somme par Valery de Leuconay. Une commune qui va marquer l'histoire de France et qui acquit sa célébrité lorsque Guillaume de Normandie partit avec son armée pour l'Angleterre afin de récupérer la couronne promise par Edouard le Confesseur. Vainqueur à la bataille d'Hastings, le 14 octobre 1066, il devint Guillaume le Conquérant. Une stèle érigée près du port rappelle ce haut fait. La ville subit d'importants ravages au cours de la guerre de Cent Ans. En 1422, les Anglais vinrent s'installer dans l'abbaye pour onze ans, sous la conduite du comte de Warvicq. Puis, en 1431, la ville verra passer Jeanne d'Arc prisonnière des Anglais, après une détention au Crotoy (dans la forteresse où fut aussi interné le duc d'Alençon Jean II) et avant d'être conduite à Rouen pour son procès. Aujourd'hui encore, la ville haute est fortifiée. On y observe quelques maisons à colombages, et l'église dans son bel écrin polychrome : un damier de craie blanche et de silex anthracite forme ses murs. Plus haut, on retrouve cette harmonie sur les murs de la chapelle des Marins qui domine la baie.

Le Moyen Âge laissa donc une emprise précieuse, que l'on découvre aussi à Rue. Difficile d'imaginer que cette bourgade de pleine terre était alors une place fortifiée, et un port actif ! En 1101, la mer y déposa miraculeusement un crucifix. Il fut vénéré jusqu'à la Révolution dans la chapelle du Saint-Esprit, joyau gothique flamboyant finement ciselé. Quant au beffroi, il témoigne de l'autonomie qu'obtint la cité dès le XVe siècle.

En sillonnant l'arrière-pays et la périphérie de la baie de Somme, on rencontre la vie rurale qui a façonné le terroir : les pittoresques fermes chaulées s'étirent le long de routes étroites où l'on aime à se perdre. À Lanchères, par exemple, dans une seigneurie du XVe siècle aujourd'hui ruinée, vécut le vice-roi du Canada Jean de Poutrincourt (1557-1615).

De la Renaissance à la Révolution

En 1498, l'Artois est cédé aux Habsbourg. Une guerre de frontière – et de religion – s'engage alors avec les Espagnols de Charles Quint, dont la Somme va faire les frais. Un nouvel art de la guerre, la guerre de siège, se développe et les citadelles font leur apparition.
Les muches, véritables villes souterraines creusées dans la craie pour se protéger, deviennent une spécificité de la Somme.Au Crotoy, les rues dessinent aujourd'hui l'histoire authentique d'un village de pêcheurs. Il était, au XVIIe siècle, l'un des ports les plus importants de la Manche. Mais en 1674, son château fut détruit sur ordre du roi de France Louis XIV. Saint-Valery-sur-Somme continue elle à se développer jusqu'en 1791 grâce à la prospérité de son abbaye.
Les montées des revendications et la Révolution française ont un impact significatif sur la région. La Constituante de 1790 donne naissance aux départements, dont celui de la Somme.

De la Révolution au XXIe siècle

Le principal fait marquant après la Révolution est l'éphémère Paix d'Amiens que Napoléon signa en 1802 avec les Anglais. Après la victoire des Coalisés à la bataille de Waterloo, le département de la Somme est occupé par les troupes britanniques de juin 1815 à novembre 1818. Conséquence du blocus qu'imposaient alors les Anglais à l'empereur, il fallut remplacer le sucre de canne, qui venait traditionnellement des Antilles françaises. La betterave fut alors introduite sur le plateau du Santerre dès 1804. Ainsi pénétra dans la Somme une des cultures qui allait faire sa richesse. Une autre de ces cultures vivrières, la pomme de terre, doit son développement à un homme de la Somme : Parmentier.
Dans la baie de Somme, Le Crotoy connut son heure de gloire au début du XXe siècle avec le parfumeur Guerlain, qui attira sur les bords de la baie de Somme le Tout-Paris mondain de la Belle Époque. Les peintres ont également immortalisé ces paysages, de Degas à Toulouse-Lautrec, en passant par Seurat ou Manessier.
Le département de la Somme va ensuite être profondément marqué par la Grande Guerre avec deux batailles sanglantes en 1916 et 1918. Dans la commune de Noyelles-sur-Mer, le cimetière chinois de Nolette est un étrange et douloureux vestige de la Première Guerre mondiale, qui dévasta la Picardie.
A la fin des années 1950, la Somme devient l'une des zones agricoles les plus performantes d'Europe.

De nos jours

La baie de Somme a obtenu le label Grand Site de France en 2011, un label attribué par le ministère de l'Ecologie et qui reconnaît la qualité de la gestion de ce lieu d'exception et la volonté des acteurs qui œuvrent au quotidien pour le préserver de le gérer selon les principes du développement durable.

PATRIMOINE ET TRADITIONS

PATRIMOINE CULTUREL

Littérature

Station balnéaire de charme, Le Crotoy a attiré et inspiré de nombreux écrivains parmi lesquels Victor Hugo, Colette en 1907 avec *Les Vrilles de la vigne*, et Jules Verne. Dès 1865, il loue La Solitude, une maison bien différente des maisons de pêcheurs voisines et qui se trouve au n° 9 de la... rue Jules-Verne. Il vous faudra la contempler de l'extérieur, car elle n'est malheureusement pas ouverte au public. Une plaque indique cependant que « Jules Verne habita cette maison de 1865 à 1870 ». Anecdote dont les habitants du Crotoy sont fiers, c'est dans cette demeure que l'écrivain trouva son inspiration géniale pour l'écriture de son plus grand chef-d'œuvre : *Vingt mille lieues sous les mers*.

Peinture

La baie de Somme a aussi inspiré de nombreux artistes peintres, que ce soit Edgar Degas à Saint-Valery-sur-Somme, Toulouse-Lautrec au Crotoy ou encore Georges Seurat ou Alfred Manessier. Aujourd'hui, ces paysages d'exception continuent à attirer peintres mais aussi photographes de renom.

Cinéma

De nombreux films ont été tournés dans les paysages exceptionnels de la baie de Somme. On peut citer notamment *Si c'était à refaire* de Claude Lelouch avec Catherine Deneuve et Francis Huster (1976). Plus récemment, Jacques Doillon a réalisé autour du Crotoy *Le Premier venu* (2008).

Villas colorées de Mers-les-Bains.

Le Crotoy a également servi de décor à Patricia Bardon pour son film *Nana et les filles du bord de mer* (2020), nommé pour le César de la meilleure image et du meilleur décor. Entre temps, *A 2 heures de Paris* avec Fred Testot (2018) montre les superbes paysages de la baie dans un road-movie. On a également aperçu Abbeville dans *Je règle mon pas sur le pas de mon père* (1999) avec Jean Yanne et Guillaume Canet ou *Je n'ai rien oublié* (2008) avec Gérard Depardieu. Mers-les-Bains a été vue dans *Le Bison (et sa voisine Dorine)* d'Isabelle Nanty.

PATRIMOINE ARCHITECTURAL

- **A Mers-les-Bains,** une cinquantaine de villas colorées, élégantes, avec de beaux balcons, sont classées dans un secteur sauvegardé. C'est ce qui fait le charme de cette station balnéaire où se mélangent les influences flamandes, anglaises et Art nouveau. Ces belles bâtisses sont principalement nées dans la seconde moitié du XXe siècle, lors de l'explosion des bains suite à la réalisation du chemin de fer depuis Paris. En suivant le front de mer et le circuit disponible à l'office de tourisme ou en téléchargement, vous profiterez de toute l'élégance de la station balnéaire. Et le 4e week-end de juillet, Mers-les-Bains retrouve l'atmosphère de la Belle Époque à l'occasion de la Fête des Baigneurs. Une fête étonnante devant ces élégantes villas, où l'on se baigne en maillots de bain des années 1930 et où l'on admire de somptueux costumes authentiques que l'on vous invite à porter vous aussi. De nombreuses animations sont au programme.

- **A Saint-Valery-sur-Somme,** les quais sont un chemin de promenade incontournable. Sur près de 3 km, voyez les demeures du XIXe siècle, d'anciennes propriétés des familles d'armateurs et de capitaines. Au bout du quai Jeanne-d'Arc, c'est la plage où le tout-Paris venait autrefois prendre des bains. Le temps de votre aller-retour, vous remarquerez que le paysage, la forme des méandres de la baie et les lumières auront changé. C'est un plaisir simple mais qui fait partie intégrante du charme de Saint-Valery.

- **Amoureux du Crotoy et de la baie de Somme** et natif d'Abbeville, le célèbre parfumeur Pierre Guerlain a beaucoup fait pour cette commune, en y amenant le tout-Paris dans la seconde moitié du XIXe siècle. C'est à cette époque que Le Crotoy devient une destination privilégiée pour les vacances. En 1860, il fait construire un hôtel, destiné à la venue de l'impératrice Eugénie qu'il parfumait, et qui finalement ne vint jamais. Après sa mort, l'hôtel est repris et agrandi par le cuisinier de renom Delant, qui le rebaptise le Grand Hôtel. C'est donc dans la charmante rue qui porte le nom du parfumeur que l'on trouve l'emblématique villa Le Souvenir, devenue aujourd'hui l'hôtel Les Tourelles, dont la chic façade rouge orangé interpelle le regard.

- **A Cayeux-sur-Mer,** le chemin des planches, le plus long d'Europe avec ses 1 800 mètres de long, attire de plus en plus les touristes et les metteurs en scène qui souhaitent profiter des beautés de la baie de Somme pour leurs créations. Ses 420 cabines de plage ajoutent à cette station un charme inoubliable.

LA BAIE DE SOMME GOURMANDE

SPÉCIALITÉS LOCALES

Les habitants de la côte se feront un plaisir de vous accueillir à table pour manger un morceau, histoire de se réchauffer un peu par mauvais temps... Une soupe à l'oignon, peut-être une carbonnade flamande ou même un bon welsh. Pour ceux qui raffolent du poisson, des fruits de mer et crustacés, le choix est large. Le célébrissime hareng fumé aux pommes de terre à l'huile, une bonne assiette de moules-frites ou le waterzoï de poisson... Les bouches sucrées se régaleront avec les Doigts de Jean Bart, les sucettes berckoises ou les gaufres fourrées. Toute la baie est impatiente de vous ouvrir sa cuisine.

Moules-frites

Cette belle et généreuse marmite noire remplie de moules est un classique sur la côte, un régal assuré. Moules marinières, moules à la crème, moules au maroilles, elles baignent dans une saveur que vous choisirez vous-même. Les frites qui les accompagnent sont encore meilleures « trempées » dans le fond de la marmite une fois les moules avalées.

L'agneau de pré-salé de la Baie de Somme

Avec sa saveur particulière et sa chair délicate, l'agneau de pré-salé de la baie de Somme est une viande bien connue des fins gastronomes et des chefs. Le secret d'une viande si goûteuse : du printemps à l'hiver, les agneaux broutent l'herbe des prairies régulièrement recouvertes d'eau de la mer montante.

PRODUITS DU TERROIR

Viandes, volailles et gibiers

- **Veau des pays d'Artois.** Le veau des pays d'Artois, c'est avant tout un savoir-faire traditionnel préservé et la garantie d'avoir dans l'assiette une des meilleures viandes régionales. Ce groupe d'éleveurs, dont l'éthique est irréprochable, nourrit son élevage au lait entier de l'exploitation, aux céréales et vitamines. Pour les amateurs de viande, c'est une source sûre.
- **Les volailles de Licques.** Il faut remonter au XVIIe siècle pour trouver les origines de la célèbre volaille de Licques. Les moines de l'abbaye de Licques y ont à cette époque introduit les dindes.

Elles sont toujours là, élevées spécialement pour Noël. Aujourd'hui, la volaille de Licques, c'est surtout des labels rouges mais aussi des plats cuisinés.

La viande bovine. Blanc Bleue, Bleue du Nord et Flamande rouge, ces races bovines régionales n'ont plus de secrets pour la population. La Blanc Bleue produit 70 % de viande sous la marque « Belle Bleue » (Label rouge). Ce type de bovin se reconnaît à son pelage gris ardoisé à reflets bleutés. La Bleue du Nord est une race mixte. La Flamande rouge est une race laitière et peut se targuer d'être l'une des plus anciennes de France.

La viande de porc. Spécialité de la région, l'élevage porcin se concentre essentiellement dans la plaine de la Lys et le Haut-Pays d'Artois. La viande de porc est la plus consommée dans la région, particulièrement en charcuterie.

© MARGOT – STOCK.ADOBE.COM

La boulette d'Avesnes est un fromage de caractère.

Le lapin. On aime le lapin dans la région et on l'aime tellement que sa consommation dépasse même celle de la moyenne nationale. L'élevage de lapin est une tradition ici. L'Association interprofessionnelle des Lapins des Hauts-de-France, créée en 1993, est reconnue pour la qualité de son élevage nourri à base de produits végétaux. La spécialité de la région : le lapin aux pruneaux !

L'agneau de pré-salé de la baie de Somme. De mars à novembre, plus de 5 000 brebis et agneaux broutent avec joie dans les mollières, ces parties végétales de la baie de Somme qui sont inondées par la mer lors des grandes marées et qui donnent à la chair de l'agneau ce goût si particulier. D'ailleurs, l'agneau de pré-salé de la baie de Somme bénéficie d'une appellation AOC et AOP.

Poissons, fruits de mer et crustacés

Les poissons viennent de la mer du Nord, principalement soles, carrelets, turbots, grondins, et bars. Truites et brochets peuplent l'Authie en abondance alors que les étangs de Haute-Somme fournissent leur contingent de carpes, anguilles et tanches.

Les coquillages. Au Crotoy, les coquillages, coques, hénons et coquilles Saint-Jacques sont des spécialités tout comme la salicorne qui se récolte dans les prés-salés (appelés mollières en picard) de la baie de Somme. La tradition du fumage et des salaisons est encore vivace. Il faut donc compter avec les harengs fumés ou marinés de la côte du Nord et les rollmops au vinaigre.

© M.STUDIO – STOCK.ADOBE.COM

Moules-frites.

La moule de bouchot. La baie accueille en outre un savoureux mollusque : la moule de bouchot. Le site de mytiliculture, au nord de la baie, compte 100 000 bouchots, ces piquets alignés sur lesquels la moule met un an pour arriver à maturation. Les tracteurs des mytiliculteurs, indispensables à leur travail, sont d'ailleurs les seuls engins motorisés autorisés à traverser la Réserve naturelle. La bouchot d'excellente qualité qui sort de la production est écoulée localement, pour le bonheur des habitués comme des touristes. Un régal de première fraîcheur assuré !

Fromages, produits laitiers

Sur le littoral, l'appétit des bonnes choses se retrouve également dans la qualité du fromage. Et il faut dire que la région des Hauts-de-France n'a rien à envier aux autres terroirs français en la matière. Fromage fondu sur une tartine grillée, fromage frais sur un petit bout de baguette fraîche, il existe mille et une façons de le savourer.

La mimolette est le fromage le plus connu de la région, reconnaissable entre tous par sa pâte orangée (grâce à un colorant naturel, le roucou) et sa croûte grise à aspérités. C'est un fromage à base de lait de vache, à pâte pressée non cuite. Avec l'âge, elle devient de plus en plus cassante. La mimolette extra-vieille (de 18 à 24 mois d'affinage) est un délice.

La boulette d'Avesnes, très odorante, est servie dans des terrines fermées qui ne laissent échapper les effluves qu'une fois le chapeau soulevé.

Le cœur d'Avesnes. Il se rapproche du maroilles, le grand seigneur des fromages du Nord, produit dans l'Avesnois et l'Aisne, auquel on compare le vieux-lille (le plus méchant, mais quel goût !) issu justement des caves lilloises.

Le maroilles serait né aux alentours du VIIe siècle, mais sa véritable production monastique débute au XIe siècle. Ce fromage au lait de vache est emprésuré puis stocké en cave pendant deux à trois mois. Bénéficiant d'une appellation d'origine contrôlée, il se décline en trois modèles, le sorbais (540 g), le mignon (380 g) et le quart (180 g).

Le rollot de Picardie. Ce fromage tient son nom de la commune de Rollot dans la Somme où il était fabriqué à son apparition au XVIe siècle. A base de lait de vache, le rollot est un fromage à pâte molle et à la croûte mince, avec une odeur assez développée. Sa forme originelle est ronde, mais on le trouve de plus en plus en forme de cœur.

Moins connus, mais à découvrir absolument, le saint-winoc, le bergues, le petit bissezeele, le sire de Créquy, le vieux boulogne, le belval, le sablé de Wissant, le mont des cats, le bray au lin, et le dauphin, le plus original de tous car mélangeant maroilles, ciboulette, estragon et poivre...

Fruits et légumes

Le chicon, qu'est-ce donc ? Il s'agit du nom patois de l'endive, très répandue, dont la racine est torréfiée puis transformée en chicorée. Elle se consomme généralement en gratin ou en salade.

La betterave reste la légumineuse la plus cultivée dans la région pour le sucre mais aussi en tant que plante fourragère. Surtout présente dans la partie nord du territoire français, elle trouve naturellement une terre accueillante dans la région. Sa chair rouge se déguste en salade ; légèrement vinaigrée, persillée et parfois aillée, tachant doigts et ustensiles pour la bonne cause.

La pomme de terre est également l'un des fleurons de la région.

La salicorne, cette petite plante charnue qui pousse sur des sols riches en sel marin, se récolte dans la baie de Somme. Tendre, on la consomme comme hors-d'œuvre, dans une omelette, en salade ou préparée comme des haricots verts.

Fraises et asperges sont aussi cultivées sur la Côte d'Opale.

Les choux de Bruxelles, poireaux, carottes et autres légumes de bouillon se cultivent un peu partout en région où s'est préservée la tradition des potagers, avec entre autres la célèbre carotte de Tilques, les pommes des vergers flamands, les champs de rhubarbe, les fraises, groseilles et autres fruits rouges en général qui se plaisent au nord de la France.

Douceurs

Le gâteau battu. Originaire d'Abbeville, le gâteau battu est en réalité une sorte de brioche, très riche en beurre et en œufs. On l'appelle «battu», car la pâte est battue à la main. Sa cuisson est effectuée dans un moule cannelé haut et cylindrique. D'ailleurs, pour être identifié comme «authentique», le gâteau battu se doit d'être cuit dans ce moule ! Il se déguste volontiers au petit-déjeuner ou au goûter avec de la confiture de rhubarbe. Depuis 1993, il existe la Noble Confrérie du Gâteau Battu, qui défend corps et âme cette spécialité régionale.

ALCOOLS ET SPIRITUEUX

Vins

La Côte d'Opale n'est pas viticole, mais on sait apprécier le bon vin blanc. Les Nordistes qui sont de bons et fins mangeurs sont de véritables amateurs et connaisseurs de vin. Ainsi l'on trouve, en de nombreux restaurants, des caves de grande qualité.

Bières, cidres

La bière des Deux Caps. C'est une bière du cru, une bière locale, « bien de chez nous » diront les Nordistes. La bière des Deux Caps est incontournable sur la Côte d'Opale. Pour l'apéritif ou en accompagnement d'une cuisine régionale, elle donne en bouche de multiples saveurs. Vous la trouverez à la Brasserie des Deux Caps, bien entendu !

Alcools, eaux de vie et liqueurs

Dans les apéritifs ou les digestifs, les baies de genièvre entrent en scène dans des compositions simples et assez fortes en alcool, avec du cassis ou un sirop de mandarine. Le genièvre de Houlle, au nord-ouest de Saint-Omer, est le plus connu. Son élaboration date de 1812 et l'on peut d'ailleurs visiter la fabrique. L'autre grand producteur de genièvre est la distillerie de Wambrechies près de Lille.

La groseille entre dans la composition du perlé, un apéritif ou digestif des 7 vallées, mais les plantes aromatisent aisément des boissons locales et parfois secrètes.

FOIRES ET MARCHÉS

Les marchés de la baie de Somme :

- **Abbeville :** jeudi et samedi matin – Halles couvertes, Place Jacques Becq.
- **Cayeux-sur-Mer :** mardi, vendredi et dimanche matin – Place du Marché.
- **Fort-Mahon-Plage :** mardi et vendredi matin – Avenue de la Plage.
- **Le Crotoy :** vendredi matin – Place Jeanne d'Arc et Quai Courbet. Mardi matin de mi-juin à mi-septembre – Place Jeanne d'Arc et Quai Courbet.
- **Saint-Valery-sur-Somme :** mercredi matin – Place du Jeu de Battoir. Dimanche matin – Place des Pilotes.

La maroilles est un fromage typique de la région.

SPORTS ET LOISIRS

Activités de plein air

Randonnées pédestres

On dit de la sauvage et changeante baie de Somme que c'est l'un des plus beaux sites de randonnée de France. A une quinzaine de kilomètres, vous pouvez aussi changer de paysages avec les falaises de Cayeux et Mers-les-Bains. Les hortillonnages et la vallée de la Somme sont également des sites privilégiés.

Randonnées à cheval et à dos d'âne

Même les non-initiés tomberont sous le charme d'une balade découverte autour des dunes et des plaines du Marquenterre, sur le dos des chevaux Henson. Il s'agit d'une belle race robuste développée dans la région pour le plus grand plaisir des cavaliers. Un moment délicieux à la portée des débutants.

Balades à vélo, cyclotourisme et VTT

Les cyclotouristes peuvent profiter d'allées spécialement dédiées et ainsi découvrir les paysages côtiers lors de longues randonnées récréatives ou plus sportives.

Tourisme fluvial

Vous pouvez louer des pénichettes sans permis pour découvrir la Somme jusqu'à la baie de Somme.

Chasse, pêche et nature

Pêche

Davantage « promenade » que « pêche », la pêche à pied se pratique en bord de mer. On y cueille ou ramasse des moules, des crabes, des coques mais aussi des crevettes que la mer a généreusement laissées derrière elle. Très populaire, cette

Randonnée équestre.

pêche familiale est accessible à tous et se pratique à chaque marée basse. Bottes, seau, crochet, panier, filet, couteau, cuiller, montre et ciré sont à prévoir.

Ornithologie

C'est un incontournable pour les amoureux de la nature ! Au cœur de la réserve naturelle de la baie de Somme, le Parc du Marquenterre est un haut lieu de la migration des oiseaux traversant les continents de l'Europe à l'Afrique. Armez-vous de bonnes jumelles et profitez de ce spectacle naturel et apaisant.

Dans les airs

Cerf-volant

Le littoral se prête bien à la pratique du cerf-volant, notamment à Quend et Fort-Mahon où les kilomètres de plage offrent un terrain de jeu idéal.

Sports à sensation

Amateurs de sensations, essayez le kitesurf pour vous envoler au-dessus des vagues. Des écoles existent sur le littoral. Le char à voile est une activité répandue sur ces immenses plages, et si le temps s'y prête, vous aurez rapidement de bonnes sensations de vitesse à ras du sol.

Chars à voile à Fort-Mahon-Plage.

Sports nautiques

Aussi étonnant que cela puisse paraître, la pirogue polynésienne est l'un des meilleurs moyens de découvrir la baie de Somme. Les excursions sont accessibles à tous dans des bateaux collectifs. Les phoques s'approchent tellement qu'ils mettent parfois leur tête sur le bateau ! Pour pratiquer, renseignez-vous quelques jours avant, les marées dictent en effet les moments de pratique.

Conseils pour la pêche

- **Connaître** les heures des marées.
- **Attention aussi** à ne pas se faire désorienter par le brouillard.
- **Respecter** les alertes sanitaires afin d'éviter les intoxications alimentaires.
- **Se rapprocher** des Affaires maritimes pour connaître les quantités qu'il est possible d'emporter sous peine de confiscation du produit de la pêche et d'une amende… salée !

FESTIVALS ET MANIFESTATIONS

SOMME

Fêtes

FÊTE DES FLEURS
Centre-ville
Cayeux-sur-Mer
www.cayeux-sur-mer.fr
mairie-de-cayeux-sur-mer@wanadoo.fr
Chaque année le 15 août à partir de 14h30.
Une véritable fête populaire à Cayeux-sur-Mer en baie de Somme le 15 août. Parée d'une multitude de glaïeuls (près de 9 000 !) et de dahlias multicolores, la ville devient le temps d'une journée un lieu encore plus animé. Au programme : défilé de chars fleuris, concours du plus beau char, animation musicale avec en bouquet final un splendide feu d'artifice.

FÊTE DES FLEURS
Avenue de la Plage
Fort-Mahon-Plage
Fin août. Gratuit.
Un rendez-vous que les habitants de Fort-Mahon et les touristes attendent chaque année avec impatience ! Le dernier samedi soir d'août, les chars illuminés défilent en musique sur l'Avenue de la Plage avant un feu d'artifices. Le dimanche, des chars fleuris se succèdent sur la jetée avec des animations de rue.

FÊTE DE LA MER
Le Crotoy
✆ 03 22 31 02 98
lecrotoyanimationculture@gmail.com
Début août. Gratuit. Restauration. Animations et défilés.
Organisée en l'honneur de la mer et des marins, la Fête de la Mer au Crotoy est un événement à ne pas manquer début août. Magnifiques en costumes traditionnels, les marins défilent avec les musiciens de l'harmonie locale et les géants de Berck. Un marché de produits régionaux et diverses festivités ont également lieu lors de ce week-end, comme des joutes dans le bassin des chasses et des sorties en mer.

FÊTE DES BAIGNEURS
Avenue Pierre-et-Marie-Curie
Mers-les-Bains ✆ 02 27 28 06 46
www.destination-letreport-mers.fr
info@destination-letreport-mers.fr
Le 4e week-end de juillet. Restauration.
La station balnéaire retrouve l'atmosphère de la Belle Epoque le temps du 4e week-end de juillet. Une fête étonnante devant les élégantes villas du front de mer, où l'on se baigne en maillots de bain des années 1930 et où l'on admire de somptueux costumes authentiques que l'on vous invite à porter vous aussi. De nombreuses animations sont au programme.

POUR AIDER LES PLUS PAUVRES,
JE CHOISIS D'AGIR AVEC EUX
FAITES UN DON
secours-catholique.org
BP455-75007 PARIS
caritasfrance
Secours Catholique-Caritas France
Secours Catholique
Caritas France
ENSEMBLE,
CONSTRUIRE
UN MONDE JUSTE
ET FRATERNEL

FÊTE DE LA MER

Place des Pilotes
Quartier de Courtgain
Saint-Valéry-sur-Somme
✆ 03 22 60 93 50
www.tourisme-baiedesomme.fr
saintvalerysursomme@ca-baiedesomme.fr

En août. Gratuit. Animations et défilés.

Saint-Valery-sur-Somme a un riche passé de port de pêche, c'est donc tout naturellement qu'elle célèbre la mer chaque été début août. À l'occasion de cette fête, le très typique quartier des pêcheurs (le Courtgain) se métamorphose pour rendre hommage aux marins disparus. Les façades des maisons sont alors revêtues de 2 000 m de filets et de fleurs multicolores. Des animations en tous genres (expositions, concerts, procession et dépôt de gerbe en mer, etc.) attendent également les visiteurs. Une fête locale à ne pas manquer !

Expositions

BEACH ART FESTIVAL

Fort-Mahon-Plage
✆ 03 22 23 36 00

En septembre.

L'immense plage de sable fin de Fort-Mahon se prête à merveille à ces œuvres d'art éphémères. A l'aide d'un râteau et/ou d'une ficelle, chacun peut se lancer dans l'aventure selon son inspiration ou sa créativité... Portrait d'indien, phare, rosace, tortue : des figures effacées au gré de la marée... Vous y trouverez également des jeux anciens, des concerts, des animations de rue, un marché de recyclage et de créateurs originaux, mais aussi des nettoyages de plage puisque la sensibilisation à la protection de la planète est au cœur de ce festival qui a lieu mi-septembre.

Foires - Salons

SALON DES MIGRATEURS

Route départementale 3
Route de Brighton
Cayeux-sur-Mer
✆ 01 34 78 22 22
www.salondesmigrateurs.com
info@salondesmigrateurs.com

En juillet. Entrée : 5 €.

Lancé en 2011, le Salon des Migrateurs est le premier événement du genre exclusivement dédié à la chasse au gibier migrateur et gibier d'eau (pigeons ramiers, bécasses, turdidés, canards, oies, limicoles...). Il a pour but de rassembler tous les passionnés de cette chasse si particulière. Il faut dire que la baie de Somme est un site propice et représente un très haut lieu de passage d'oiseaux migrateurs. Ce salon est très populaire et est fréquenté chaque année par plus de 15 000 amateurs vers la mi-juillet. Quelques animations sont prévues au programme : concours de siffleux, ball-trap, concours d'appeau, championnat du monde de lancer de blettes...

Manifestations culturelles Festivals

FESTIVAL DE L'OISEAU ET DE LA NATURE

20, rue du Chevalier-de-la-Barre
Abbeville
✆ 03 22 24 02 02
www.festival-oiseau-nature.com
contact@festival-oiseau-nature.com

© ALONBOU - STOCK.ADOBE.COM

Observation des oiseaux, Abbeville.

Une semaine à la mi-avril. Sorties nature : 7 €. Projections de films : 5 €. Ateliers enfants : entre 3 € et 6 €. Expositions, conférences, concerts, lecture de contes, stages, etc.

Venez admirer la nature et faites vivre ce joli festival qui œuvre pour la richesse de l'environnement de ce site préservé en baie de Somme une semaine à la mi-avril. Au printemps, vous pourrez observer le monde qui nous entoure, à pied, à cheval, en kayak, en calèche ou en barque. Des guides seront heureux de vous en apprendre toujours davantage et vous aideront à vous approcher au plus près de la faune et la flore locales.

FESTIVAL DES CERFS-VOLANTS

Boulevard du Général Sizaire
Cayeux-sur-Mer
www.ventcourtois.com
En juin. Gratuit.

Une manifestation organisée par l'association Les Vents Courtois qui n'a rien à envier à son homologue de Berck-sur-Mer sur la Côte d'Opale ! Cela fait plus de vingt ans que les passionnés de cerfs-volants se donnent rendez-vous le long des 2 km de cabines du front de mer pendant deux jours début juin. Au programme : ballets, démonstrations, jardin du vent, combats et... largage de bonbons !

FESTIVAL CHÉS WÈPES

Le Crotoy
✆ 03 22 71 17 00
https://languepicarde.fr
contact@languepicarde.fr
De mi-juillet à début août. Gratuit.

Organisé par l'agence pour « ech picard » dans certaines communes de la côte picarde (Le Crotoy, Cayeux-sur-Mer, Mers-les-Bains...), ce festival invite le public novice ou bilingue à venir découvrir la culture et la langue picardes en s'amusant. Totalement unique, il propose des spectacles (contes et légendes, chansons, musique, humour...) dans des endroits parfois étonnants (galeries d'art, souterrains...), des jeux traditionnels ou encore des mini-fêtes foraines.

LES FÊTES GUILLAUME

Vieille ville, Saint-Valéry-sur-Somme
✆ 03 22 60 93 50
www.lesfetesguillaume.com
lesfetesguillaume@gmail.com
Du 17 au 18 juillet 2021. Gratuit. Restauration. Animations, marché médiéval, défilé et spectacles.

La commune renoue avec son passé et redevient la cité médiévale d'où partit Guillaume le Conquérant pour la conquête du trône d'Angleterre. Pendant deux jours, découvrez la vie quotidienne d'un village médiéval de la période normande au travers d'un campement, et assistez au travail du cuir, de l'os, de la corne, du bois mais aussi des métaux, de la fonderie, de la forge, du tissage ou encore de la préparation de la cuisine.

THÉÂTRE EN FESTIVAL

Entrepôt des Sels
2, quai Lejoille
Saint-Valéry-sur-Somme
✆ 03 22 60 64 34
www.festival-saint-valery.fr
contact@festival-saint-valery.fr
En juin. Entrée : 16 €. Tarif réduit adulte : 14 €. Enfant : 10 €.

Ce festival où le théâtre est à l'honneur est la preuve d'un véritable engouement pour la culture dans cette charmante petite ville de la baie de Somme. Des classiques (Shakespeare, Guy de Maupassant...) au one-man-show en passant par les scènes musicales, les représentations sont diverses : de quoi ravir tous les amateurs !

Manifestations sportives

LA TRANSBAIE

Place de la Gare
Saint-Valéry-sur-Somme
www.transbaie.com
latransbaie@gmail.com
Le 30 mai 2021. Inscription : 34 €.

On la surnomme « le Paris-Dakar de la course à pied ». Cette formidable épreuve au cœur de la baie de Somme, fait le plein chaque année avec près de 6 500 coureurs. À marée basse, les participants effectuent un aller-retour de 17 km entre Saint-Valery-sur-Somme et Le Crotoy, les pieds dans le sable, la boue, le courant de Saint-Valery et le Dien, le petit fleuve du Crotoy.

DE LIEUX EN LIEUX

Le Crotoy.

ABBEVILLE

★★

Cette cité qui est la porte de la Picardie maritime mérite qu'on s'y arrête pour quelques points d'intérêt, comme la collégiale Saint-Vulfran. Abbeville, qui signifiait à l'époque carolingienne – en l'an 831 – domaine de l'Abbaye, était alors la possession de l'abbaye de Saint-Riquier (à une quinzaine de kilomètres). Du XIIe au XVe siècle, Abbeville connaît son apogée. Son port reçoit des navires de gros tonnages pour le commerce maritime et des gribanes circulant sur la Somme, ce qui lui permet de commercer avec l'Espagne, l'Angleterre et les pays de l'Europe du Nord comme avec l'intérieur du pays. Ce n'est donc pas un hasard si les monuments les plus prestigieux sont édifiés à cette époque comme l'abbatiale Saint-Vulfran. Terriblement touchée par les bombardements du 20 mai 1940, Abbeville est aujourd'hui parvenue à faire oublier ce sombre passé. Depuis, de nombreux travaux d'urbanisme ont été entrepris et la ville retrouve progressivement du cachet malgré les bâtiments d'après-guerre assez tristes en cœur de ville. En flânant dans les rues étroites, vous découvrirez certainement de très beaux monuments, d'anciennes maisons du XVIe siècle ainsi que quelques hôtels particuliers, tous miraculeusement préservés des acharnements de la guerre. Quant à la grande place Max-Lejeune (du nom du maire de 1947 à 1989), elle a fait peau neuve, elle est beaucoup plus aérée et conviviale avec ses bancs et son kiosque.

■ OFFICE DE TOURISME DE LA BAIE DE SOMME

1, place de l'Amiral-Courbet
✆ 03 22 24 27 92
www.tourisme-baiedesomme.fr
abbeville@ca-baiedesomme.fr
Basse saison : ouvert du mardi au samedi de 10h à 12h30 et de 13h30 à 17h30. Haute saison : du lundi au samedi de 9h30 à 12h30 et de 13h30 à 18h ; le dimanche et les jours fériés de 10h à 13h. Haute saison d'avril à septembre. Boutique.

Moderne et spacieux, cet office de tourisme propose des brochures précises et des plans d'Abbeville et de la région bien lisibles. Avec le wifi gratuit, vous pouvez télécharger les audioguides, avec trois circuits : centre-ville, collégiale Saint-Vulfran et église Saint-Sépulcre. Que vous passiez directement rencontrer l'équipe ou que vous surfiez sur le site Internet très complet, l'office de tourisme de la baie de Somme est le lieu incontournable pour découvrir la région, les activités et loisirs, les hébergements ou bien encore les temps forts.

■ SYNDICAT MIXTE DE LA BAIE DE SOMME – GRAND LITTORAL PICARD

1, rue de l'Hôtel-Dieu
✆ 03 22 20 60 30
www.baiedesomme.org
contact@baiedesomme.org
Un outil au service du territoire et de ses habitants. Établissement public créé en 1974 et financé principalement par le

Conseil départemental de la Somme, le Syndicat Mixte a pour mission de développer le territoire de la Baie de Somme, le littoral picard et son arrière-pays, par la gestion et l'aménagement des espaces (bâtis et naturels) et la valorisation de toutes leurs potentialités sur les 18 communes de son périmètre. Il est également sollicité sur la gestion du trait de côte ou de ses divers équipements touristiques. Un magazine trimestriel permet de retrouver toutes ces infos.

CIRCUIT DE LA RONDE DE L'EAU ★★

www.tourisme-baiedesomme.fr

Ouvert toute l'année. Gratuit. Circuit de 8,7 km.

Il fait le tour de la ville et permet de découvrir 13 points d'intérêt (l'hôtel de Rames, les étangs, le parc de la Bouvaque, le parc d'Emonville, l'ancienne piscine, le carmel, le chemin de halage...) qui seront expliqués grâce à des panneaux explicatifs. Conçu pour être praticable par tous, à pied ou à vélo, il ne présente aucune difficulté et permet de rendre compte à quel point l'eau occupe une place centrale à Abbeville. Vous retrouverez l'itinéraire complet à l'office de tourisme ou en navigant sur son site Internet.

LES ETANGS DE MAREUIL

Mairie de Mareuil

✆ 03 22 24 11 46

A quelques kilomètres d'Abbeville, découvrirez les étangs et les marais. Embarquement au café Le Relais des Etangs à Mareuil, pour une balade guidée en barque dans les marais (la commune en possède 370 hectares) permettant une bonne découverte de la flore et de la faune. C'est super, on se retrouve au milieu des feuilles de nénuphar... Uniquement l'été. Renseignez-vous auprès de la mairie pour connaitre les nouveaux prix. Une jolie balade à faire en famille pour le plus grand plaisir des grands et des petits.

A VOIR – A FAIRE

BEFFROI D'ABBEVILLE – MUSÉE BOUCHER DE PERTHES ★★

24, rue Gontier-Patin

✆ 03 22 24 08 49

www.tourisme-baiedesomme.fr

Fermé les 1er janvier, 1er mai, 14 juillet, 1er novembre et 25 décembre. Ouvert du mercredi au lundi de 14h à 18h. Gratuit jusqu'à 17 ans. Tarif Beffroi et musée : 3 € (4 € en période d'exposition temporaire). Gratuit pour les étudiants, les demandeurs d'emploi, les bénéficiaires du RSA, les personnes handicapées et les titulaires du minimum vieillesse, et pour tous le 1er dimanche du mois.

Construit à partir de 1209, le beffroi est tout simplement l'un des plus anciens de France... Il s'agit d'une tour rectangulaire relativement austère, d'une hauteur de 33 m. Elle fut utilisée comme tour de guet jusqu'à la construction de la collégiale Saint-Vulfran (plus haute d'une vingtaine de mètres). La tour est coiffée d'un clocher de charpente et d'une girouette représentant le comte du Ponthieu à cheval. Ce beffroi, comme ceux de la région, est classé depuis 2007 au patrimoine mondial de l'Unesco et au titre des monuments historiques depuis 1926.

On peut y monter par un escalier de 119 marches après s'être acquitté du droit d'entrée au musée de Boucher-de-Perthes (situé au même endroit), mais uniquement sur demande auprès des agents d'accueil et selon leur disponibilité. Ce dernier est labellisé musée de France, il comprend 78 000 œuvres ! Les expositions temporaires sont bien alimentées, qu'il s'agisse de Préhistoire, d'Antiquité, de sciences naturelles ou de beaux-arts.

CHÂTEAU DE BAGATELLE ★★

131-133, route de Paris
✆ 03 64 24 62 71
www.chateaudebagatelle.com
Du 1er septembre au 13 juillet visites guidées de 14h à 17h ou sur RDV. Du 14 juillet au 31 août visites toutes les heures. Adultes : 9 €, enfants jusqu'à 13 ans : 7,50 €. CB et chèques non acceptés.

Appelé aussi « Folie », cette merveille de château n'était qu'une « bagatelle » selon son géniteur, Abraham van Robais. L'histoire de cette famille, pendant 150 ans, se confondra avec celle d'Abbeville : port de mer enfin libéré du joug anglais en 1475, la cité devient un foyer de tissage, grâce aux moulins à eau et à une main-d'œuvre qualifiée. En 1665, Colbert accorde au hollandais Josse van Robais l'exclusivité de marchés protégés, comme celui du drap militaire. C'est à cette époque qu'Abraham van Robais, le petit-fils prodigue, fait construire cette « folie » : un pavillon de campagne en bois, briques et pierres. En 1750, ce n'est qu'un petit bâtiment de trois pièces élégant et raffiné. Quinze ans plus tard, on y adjoindra un étage éclairé par quatorze œils-de-bœuf, coiffé d'un toit à la Mansart et desservi par un majestueux escalier de fer forgé. Le parc d'une douzaine d'hectares est lui aussi superbe, avec des jardins à la française prolongés par des aménagements à l'anglaise aux arbres remarquables. Les visites sont commentées avec passion par l'actuel propriétaire.

CARMEL – MAISON DU PATRIMOINE

34-36, rue des Capucins
✆ 03 22 20 27 05
patrimoine@ville-abbeville.fr
Basse saison : ouvert du lundi au vendredi de 9h à 17h30. Haute saison : du mardi au samedi de 14h à 19h. Ouverture des bâtiments du monastère pendant les vacances scolaires. Gratuit. Visite commentée : 4€.

Une balade entre calme, verdure et spiritualité. Le monastère et ses jardins, occupés par les capucins, puis par les sœurs carmélites du XIIe siècle à 1998, sont propices au recueillement, à l'introspection, voire à la méditation. Vous y découvrirez le quotidien des dernières religieuses mais aussi les parloirs, la chapelle, le cloître. Aujourd'hui, ce lieu paisible est devenu la Maison du Patrimoine et vous pourrez temporairement profiter d'expositions d'art contemporain, de conférences, de concerts en intérieur comme en extérieur, de rencontres et de visites guidées, afin de comprendre l'histoire de ce lieu.

COLLÉGIALE SAINT-VULFRAN ★★★

1, parvis Saint-Vulfran
✆ 03 22 24 27 92
www.tourisme-baiedesomme.fr
Ouvert toute l'année. Basse saison : du mardi au dimanche de 14h à 17h. Haute saison : le dimanche, le lundi et les jours fériés de 14h à 18h ; du mardi au samedi de 10h à 18h. Gratuit. Audioguide disponible gratuitement sur place.

C'est à n'en pas douter le plus remarquable monument de la ville. Elevé puis reconstruit plusieurs fois depuis 1058 pour accueillir les reliques de Saint-Vulfran, cet édifice est un superbe exemple de style gothique flamboyant. La façade est en dentelle de pierres avec ses deux hautes tours symétriques de 55,80 m surmontées de tours de guet. Le portail central, par ses vantaux Renaissance, témoigne du merveilleux travail des « huchiers » picards. Il y règne un silence profond, une forme épurée de magie comme si elle craignait parfois d'afficher les signes extérieurs de sa magnificence. Ruskin écrivait dans Proeteria : « Comme plaisir joyeux et sans mélange, arriver à Abbeville par un bel après-midi d'été pour voir Saint-Vulfran avant que le soleil ait quitté les tours, sont des choses pour lesquelles il faut chérir le passé jusqu'à la fin. » Victor Hugo visita en 1853 cette « vieille façade toute rongée par la bise et la lune, d'où l'on sort avec une larme et où l'on entre avec un sourire ». C'est un éblouissement pour l'auteur romantique. Les vitraux modernes de William Einstein ajoutent encore une touche de fraîcheur et de sublime. Un petit regret toutefois, on a peu de recul pour admirer la façade avec une circulation toujours présente au pied de l'édifice.

COUVENT DES URSULINES ★

Intersection Chaussée du Bois
et rue Josse van Robais
Gratuit.

Ce monument, où des sœurs s'étaient installées en 1642, a connu à une histoire mouvementée puisqu'il a quasiment été entièrement détruit lors des bombardements du 20 mai 1940, après avoir été réquisitionné comme hôpital militaire en 1939. C'est grâce à des photos d'époque qu'il retrouve une seconde jeunesse et son aspect d'antan. Plus de 1 200 briques ont été nécessaires à sa reconstruction ! Et pour mettre en avant sa beauté et la façon dont les parties détruites ont été parfaitement reconstruites, la ville s'efforce de le mettre en valeur par un important système d'éclairage, qui souligne particulièrement la porte du couvent des ursulines. Les vestiges du couvent constituent un des rares exemples d'architecture de style Louis XIII à Abbeville.

Collégiale Saint-Vulfran.

ÉGLISE DU SAINT-SÉPULCRE ★

Place du Saint-Sépulcre
✆ 03 22 24 27 92
www.tourisme-baiedesomme.fr
Ouvert toute l'année. Seulement le week-end du 1er octobre au 31 mars. Gratuit.
La légende veut que cette église a été construite en célébration de la réunion des chevaliers du Nord du royaume, avant de partir pour la première croisade, à la fin du XIe siècle. Aujourd'hui classée aux monuments historiques, elle fut partiellement détruite par les bombardement en 1940, mais des travaux lui ont permis de retrouver de sa superbe. L'église est surtout remarquable pour ses vitraux modernes signés Alfred Manessier, enfant du pays et célèbre spécialiste du genre. Inaugurées en 1993, les œuvres célèbrent la victoire de la vie contre l'angoisse, la souffrance et la mort. L'ambiance est particulièrement colorée avec la lumière du soir et le reflet des vitraux sur les piliers et les arcades.

GARE D'ABBEVILLE

Place de la Gare
www.tourisme-baiedesomme.fr
A 800 m du centre-ville, de l'autre côté de la Somme, cette gare élégante et pittoresque mise en service en 1862 et remaniée au début du XXe siècle, est inscrite à l'inventaire des Monuments historiques. Avec son architecture mariant structure métallique et briques rouges, frises et clocheton, elle rappelle les villas de Mers-les-Bains.

HÔTEL D'ÉMONVILLE ET SON JARDIN ★★

26, Place Clemenceau
✆ 03 22 24 95 16
archives@abbeville.fr
Jardin remarquable. Ouvert tous les jours de 7h30 à 20h. Fermeture à 19h d'octobre à mars. Gratuit.
Classé jardin remarquable, ce parc du centre-ville doit son charme à un très bel aménagement paysager et à de magnifiques arbres comme le cyprès chauve ou le cèdre du Liban et des arbres centenaires comme un séquoia géant ou encore un magnolia de boulange. Son attrait réside aussi dans son bassin et son bel hôtel particulier qui fut la propriété d'une riche famille abbevilloise au XIXe siècle, les Foucques d'Émonville. Ce dernier abrite aujourd'hui une bibliothèque et les archives municipales avec 160 000 volumes, des registres paroissiaux, des ouvrages locaux datant des premiers temps de l'imprimerie et des manuscrits précieux. Ce poumon de verdure se veut aussi jardin botanique. Profitez des panneaux pour mieux découvrir la collection d'arbres et de plantes.

MANUFACTURE DES RAMES

272, chaussée d'Hocquet
patrimoine@ville-abbeville.fr
Pas de visites.
Un monument historique qui évoque une ancienne fabrique de rames. Lorsqu'à la demande de Colbert, l'industriel hollandais Josse Van Robais s'installe à Abbeville, rue de l'Hôtel-de-Ville, en 1665, il amène son savoir-faire, son matériel et une cinquantaine d'ouvriers. Pour regrouper les ateliers qui étaient jusqu'alors dispersés, son fils fait édifier de 1709 à 1714, chaussée d'Hocquet, les bâtiments de la manufacture dite des Rames. Il s'agit de l'un des plus remarquables témoignages de l'architecture industrielle du XVIIIe siècle. De la rue, on peut voir le portail de l'entrée de la cour

principale. La sculpture du tympan de la porte évoque la conquête de la Toison d'Or et fait allusion au commerce maritime de la manufacture dont la production était très prisée jusqu'à l'étranger.

PARC DE LA BOUVAQUE

Boulevard de la République
✆ 03 22 25 43 65
www.tourisme-baiedesomme.fr
Ouvert toute l'année. Basse saison : tous les jours de 9h à 17h30. Haute saison : tous les jours de 7h à 20h. Basse saison d'octobre à mars. Gratuit.

Le plaisir d'une balade dans un milieu préservé, un parc composé de deux grands étangs et à proximité immédiate du centre-ville et de la piscine. Auparavant, les habitants y faisaient paître leurs bovins. Ce bois abrite une soixantaine d'hectares de zone humide. Une hutte est installée sur une presqu'île pour observer les nombreux oiseaux sédentaires ou migrateurs qui apprécient aussi très largement la tranquillité des lieux. Cette balade, dans un cadre boisé et verdoyant, vous invite sur les traces du peintre Alfred Manessier avec des panneaux explicatifs. Enfin, les sources bleues, remarquables, apportent une touche magique et de rareté à cette promenade.

SE RESTAURER

L'ARDOISE

22, place du Pilori ✆ 03 22 27 76 81
Ouvert le lundi et le mardi de 12h à 14h ; le mercredi et le jeudi de 19h à 20h45 ; le vendredi et le samedi de 19h à 21h45. Menus de 14,90 € à 19,90 € (trois plats). Carte : 11,90 € environ. Vin au verre. Accueil des groupes. Chaises bébé. Terrasse.

Cet élégant restaurant propose chaque semaine une nouvelle carte à base de produits frais et de saison, et en affichant toujours les prix. Parmi les spécialités : les traditionnels welshs, *fish and chips*, tartare de bœuf ou bien burger montagnard. On y ajoute selon les arrivages des ravioles aux écrevisses à l'huile de truffe ou des lasagnes aux légumes et pesto. Sans oublier les desserts avec entre autres cheesecake et crème brûlée. Plats et douceurs sucrées subtils à la saveur indéniable que vous pourrez déguster dans un cadre sobre et classieux, avec une décoration épurée, des lignes élancées et des tables savamment mises en valeur. Une valeur sûre à Abbeville.

L'AUBERGE FLEURIE

294, côte de la Justice
✆ 03 22 24 88 22
Ouvert du mardi au vendredi le midi et le soir. Menu à partir de 14,90 €.

Cela fait 20 ans que l'Auberge Fleurie est une adresse incontournable à Abbeville. Dans une décoration contemporaine, lumineuse et confortable, la clientèle aime s'arrêter pour boire une bonne bière entre amis, tout comme s'installer à une table et savourer une cuisine maison qui reprend parfaitement les plats de nos grands-mères. Filet mignon de porc sauce roquefort, tête de veau sauce gribiche, veau Marengo, le choix est large et la carte change. Sans oublier les desserts qui mettent l'accent sur le chocolat et les fruits : tartes, mousses ou bien encore charlottes qui ne peuvent que mettre l'eau à la bouche.

BISTROT DES HALLES

18, place Jacques Becq
✆ 03 22 24 25 13
www.bistrot-des-halles.com
lebistrot.deshalles5@orange.fr
Ouvert du mardi au samedi le midi.
Situé face au marché couvert d'Abbeville, cette adresse est fort sympathique pour profiter d'une ambiance 100 % bistrot français autour d'une cuisine généreuse et réconfortante. Tout est fait maison et on craque volontiers pour un burger, une escalope de dinde avec sauce aux champignons ou bien encore un tartare, sans oublier les frites à savourer avec une mayonnaise elle aussi soigneusement préparée par le chef. Et puis l'accueil est des plus charmants et, dès que soleil fait son apparition, il est très agréable de s'installer sur la terrasse. Un bistrot où s'arrêter sans hésiter.

LE COMPTOIR DU MALT

8, rue Jules-Verne
Parc d'activités des Deux Vallées
✆ 03 22 25 48 38
www.lecomptoirdumalt.fr
abbeville@lecomptoirdumalt.fr
Ouvert toute l'année. Tous les jours le midi et le soir. Menus de 13,50 € à 16,90 € (deux plats avec une boisson). Menu enfant : 6,90 € (offert le mardi et dimanche soir pour un menu adulte acheté). Plat du jour : 9,50 €. Wraps à partir de 10,50 € ; tartines à partir de 9,90 € ; gratins à partir de 9,90 € ; flammekueches à partir de 7,50 €. Accueil des groupes. Chaises bébé. Terrasse. Vente à emporter. Wifi gratuit.
On remarque cette bâtisse qui se fond parfaitement dans le décor avec sa façade en briques grises et les extensions en bois adjacentes. Une adresse à la bonne franquette, où vous pouvez commencer par vous installer autour d'une bière blonde, brune ou blanche, avec une assiette de beignets d'oignons et de rillettes, c'est encore mieux. Si la grosse faim est là, optez alors pour une choucroute, une andouillette, une pizza ou un pavé de saumon frais. En clair, il y en a pour tous les goûts et les assiettes sont généreuses. Si en dessert vous avez un large choix, ne repartez pas sans avoir goûté à l'une des flammekuechettes. Un établissement chaleureux qui mérite le détour.

LA CORNE

32, chaussée du Bois ✆ 03 22 24 06 34
♿
Ouvert toute l'année. Fermé 3 semaines en août et entre Noël et l'An. Le lundi, le mardi, le jeudi et le vendredi de 12h à 21h30 ; le mercredi de 12h à 15h ; le samedi de 19h à 21h30. Réservation recommandée. Carte : 25 € environ. Vin au verre. Chèque Restaurant. Accueil des groupes.
Lorsqu'on arrive dans ce petit restaurant, on a l'impression de pénétrer dans la cabine de pilotage d'un trois-mâts. Le bar en ovale sur lequel trônent quelques bouteilles de whiskies renforce l'impression. L'accueil est parfait à l'image de la salle à l'ambiance feutrée. Les plats sont succulents et toujours bien présentés. Ici, on souhaite aussi faire plaisir à vos yeux. Si vous hésitez trop longtemps entre le foie gras de canard poêlé aux navets caramélisés, la cassolette de ris de veau et rognons, suivez aveuglément la proposition du jour. Bavette sauce roquefort ou fillette longue sauce chorizo, le goût de chaque produit est respecté, et le chef ne travaille qu'à base de produits frais !

LE CROQUEMBOUCHE

3, place Jacques Becq
✆ 03 60 04 23 53
Ouvert du mardi au jeudi le midi ; le vendredi et le samedi le midi et le soir.

Formule midi à 14,50 € et plat à environ 10 €. Spécialités macarons. Service traiteur.
En passant devant la vitrine de ce restaurant-traiteur, on a vite fait de remarquer les gâteaux et macarons colorés qui donnent envie de s'arrêter. Il ne faut alors pas hésiter à s'y installer à midi pour prendre place au milieu d'une décoration simple et épurée et commander un plat parmi lesquels le jambon à l'os grillé, le persillé de bœuf « Blanc Bleu » sauce aux cèpes ou bien encore les acras de loup de mer et caviar d'aubergines. Apéritifs divers, bières ou vins sont proposés pour accompagner le tout, et en repartant n'oubliez pas le petit sachet de macarons préparés par le talentueux chef pâtissier cuisinier.

NEW GARDEN'S

83, chaussée Du Bois
✆ 03 22 24 04 58
Ouvert du mardi au dimanche. Menus de 15,50 € à 19,50 €. Carte : 20 € environ.
Un restaurant qui propose une cuisine traditionnelle qui ne déçoit pas. Spécialité du chef : l'agneau de prés salés de la baie de Somme (AOC), servi de juillet à novembre. On y déguste également des salades, des poissons, et des desserts maison comme une crème caramel ou une mousse au chocolat blanc. L'accueil est sympathique et souriant, le service rapide (idéal pour déjeuner rapidement entre deux rendez-vous), et le rapport qualité-prix bon.

CHEZ MEL

63, rue Saint-Vulfran
✆ 03 22 19 48 64
Ouvert du mardi au samedi le midi et le soir. Menu enfant : 6,50 € (moins de 10 ans). Formule du midi : 10,90 € (une crêpe salée et une sucrée). Galette du moment 9,80 €. Chaises bébé.
L'établissement propose un large choix de galettes gourmandes avec par exemple celle à l'andouillette picarde » (avec du maroilles) ou la Canard (avec confit, gésiers confits et magret). Autre incontournable, la fameuse ficelle picarde (crêpe au froment avec champignons, jambon, fromage râpé et crème fraîche). Côté sucré, on vous propose de choisir les crêpes agrémentées de boules de glace artisanale et un autre immanquable, la crêpe au caramel au beurre salé ! Un endroit à l'accueil souriant, où l'on mange à très bon prix et où l'on profite sur les murs de tableaux qui mettent en avant le riche patrimoine d'Abbeville.

LE PETIT BISTROT

15, place Max-Lejeune
✆ 03 22 24 24 13
♿
Ouvert du mardi au samedi de 8h30 à 19h. Pas de service le soir. Plat du jour : 10,90 € (avec le dessert ; 13,90 € le week-end). Vin au verre. Accueil des groupes (jusqu'à 10 personnes). Terrasse. À emporter, uniquement le plat du jour. En saison vous pourrez profiter de la grande terrasse au soleil.
Sur la place centrale de la ville, on vous accueille avec le sourire dans cet étroit établissement où les bons petits plats français côtoient des plats relevés d'épices indiennes. La carte varie chaque semaine et propose quotidiennement un plat unique, pour que les papilles ne se lassent de ces recettes pleines de saveurs. Vous pourrez donc goûter des paupiettes de veau un jour, un gratin avec salade le lendemain et un cari de poulet à l'indienne le surlendemain, pour la petite touche exotique. Enfin, à l'heure de l'apéro, ne manquez pas les agréables planchettes garnies avec olives, charcuterie, dés de fromage et noisettes.

LA RÔTISSERIE
19, place du Pilori
✆ 03 22 24 00 42
www.mercure-abbeville.com
h5440@accor.com
♿
Ouvert toute l'année. Tous les jours le midi et le soir. Menu enfant : 10 €. Vin au verre. Plat du jour : environ 15 €. Menus deux ou trois plats : de 20 à 25 €. Accueil des groupes.
Attenant à l'hôtel Mercure, ce restaurant de briques rouges vous accueille en plein centre-ville pour déguster une délicieuse cuisine de saison. Le chef change sa carte régulièrement afin de toujours varier les plaisirs, mais garde les bons produits régionaux au cœur de ses propositions, avec des idées souvent originales et de qualité, à l'image du filet de dorade rôti sur peau, de la papillote de pavé de saumon ou du pavé de rumsteck flambé avec sa sauce au poivre. Côté desserts, comment résister à la tarte au citron meringuée revisitée ou au nougat glacé maison ? Dans un cadre moderne et confortable, le personnel reste discret mais saura répondre à vos exigences. Il s'agit donc d'une valeur sûre à conseiller les yeux fermés !

LE TEMPS DE...
36, place Jacques Becq
✆ 03 22 24 10 58
Ouvert du lundi au samedi à partir de 11h30. Ouverture le soir pour les groupes, sur réservation. Réservation recommandée. Menu unique à 11,20 €. Carte : 10 € environ. Possibilité de prendre des plats à emporter. Terrasse.
Une adresse généreuse, où il est conseillé d'aller lorsqu'on a grand appétit. Deux plats du terroir sont proposés chaque midi, dont les incontournables ficelle picarde, bavette à l'échalote et bœuf bourguignon. Vous pourrez finir le repas avec une agréable touche sucrée grâce aux desserts faits maison : les clients fidèles raffolent du tiramisu au spéculoos et de la mousse au chocolat, mais il est aussi possible de terminer avec une salade de fruits frais pour digérer le tout. Ces plats sont préparés et servis par Lydie Tillier, dont le sourire et la bonne humeur communicative ne manqueront pas de vous faire passer un bon moment. La brasserie est toutefois victime de son succès : salle comble avec parfois le bruit qui va avec. Il est fortement conseillé de réserver la veille.

EMPLETTES

CHOCOLATERIE DE BEUSSENT
26, rue des Lingers
✆ 03 22 25 84 83
www.choco-france.com
commande@choco-france.com
Ouvert du mardi au samedi de 10h à 12h et de 14h30 à 19h.
Fondée en 1985, la maison de Beussent n'a plus rien à prouver en matière de chocolat... Fabriqués de manière artisanale, dans le plus grand respect de la matière première, ses produits ont un goût caractéristique apprécié des connaisseurs.
Les chocolatiers de l'enseigne sont parmi les rares professionnels de France à maîtriser la fabrication de A à Z : du choix des fèves de cacao jusqu'au

conchage, tout est fait maison. À noter que Beussent possède sa propre plantation en Équateur ! N'hésitez pas à passer en boutique pour découvrir les œuvres faites par ces artisans avec ce noble matériau.

MARCHÉ COUVERT

Place du Grand-Marché

Toute l'année. Chaque jeudi matin et samedi toute la journée. La dernière semaine du mois, le marché du jeudi est remplacé par le mercredi.

Quel plaisir de faire ses courses sur le marché couvert d'Abbeville ! C'est là que vous déambulerez tranquillement dans une ambiance toujours joviale et que vous allez prendre le temps de choisir tous les produits qui vous serviront à confectionner vos repas. Fruits, légumes, fromages, laissez-vous tenter par les couleurs et les odeurs qui mettent l'eau à la bouche. Régulièrement, des animations viennent égayer vos déambulations. Et pour finir la promenade, offrez-vous un moment agréable au bistrot des Halles, pour un café ou une petite mousse !

AU TEMPS DES METS

18, parvis Saint-Vulfran
✆ 03 22 20 34 70
www.autempsdesmets.com
magasin@autempsdesmets.com

Ouvert le lundi de 14h à 19h ; du mardi au samedi de 9h30 à 12h15 et de 14h à 19h. Paniers garnis.

« Créateur et dénicheur de saveurs originales », tel est l'état d'esprit affiché par la boutique... Ici, vous trouverez toutes les spécialités qui font la renommée de la région, à savoir : le pâté de canard d'Amiens, la potée et le pâté picards, les salicornes, les oreilles de cochon, toutes sortes de moutardes, des macarons d'Amiens, des pavés Saint-Vulfran d'Abbeville, des reinettes et poirettes de Picardie, le pétillant de fraise du Marquenterre, mais aussi des bières et des cidres, des apéritifs et eaux-de-vie, des confitures et du miel de coquelicot, des thés à l'argousier et des cafés, des vins et du whisky... Il serait compliqué de tout citer tant la boutique a à offrir, d'autant qu'elle propose également des saveurs de France et d'ailleurs. Des coffrets-cadeaux, à partir d'une quinzaine d'euros, permettent de ramener quelques saveurs de la région pour ses proches. Et si malencontreusement vous n'avez pas le temps de passer à la boutique, les produits sont également en vente sur le site Internet.

LE VIGNOBLE

24, rue Jean-Jaurès
✆ 03 22 31 37 36
www.levignoble-caviste.com
savin80@orange.fr

Ouvert le lundi de 15h à 19h ; du mardi au samedi de 10h à 12h30 et de 15h à 19h.

Venez rencontrer une équipe de cavistes passionnés qui vous conseillent et vous font découvrir des productions régionales, des grands crus, des spiritueux et des vins fins gourmands et abordables, sans oublier les succulentes terrines à base de truite, de canard ou de volaille qui accompagnent parfaitement les breuvages, la promesse d'apéros entre amis forts en goût ! Les néophytes comme les esthètes s'y retrouvent, on apprécie l'accueil sympathique et, surtout, la compétence hors pair de ces grands professionnels du vin !

SPORTS / LOISIRS / ACTIVITÉS

GOLF D'ABBEVILLE

Grand-Laviers
Route du Val
✆ 03 22 24 98 58
www.scagolf.com
contact@golf-abbeville.com

Ouvert toute l'année. Vestiaire gardé. Restauration.

Un cadre idyllique pour s'adonner à ce sport. Le site vallonné attire de nombreux golfeurs de toutes nationalités. Chaque trou, en harmonie avec une région débordante de ressources, a été baptisé avec un nom d'oiseau. C'est un 18 trous sur plus de 5 900 m^2. Vous pouvez également prendre des cours de golf avec le professeur attitré au club. Les enfants pourront eux aussi suivre un enseignement à l'année. Le golf est bien entendu composé d'un *club house* pour boire un verre avec vue panoramique sur le parcours et d'un vestiaire avec douche.

L'AQU'ABB

1, allée du 8-Mai-1945
✆ 03 22 24 05 69
aquabb@ca-baiedesomme.fr

Ouvert le lundi de 16h30 à 19h ; le mardi et le jeudi de 7h30 à 9h15 et de 16h30 à 19h ; le mercredi de 7h30 à 9h15 et de 14h à 19h ; le vendredi de 7h30 à 9h et de 16h30 à 21h ; le samedi de 8h à 12h et de 14h à 18h ; le dimanche de 9h à 13h et de 14h à 18h. Horaires élargis pendant les vacances. Entrée : 3,70 €. Enfant : 2,30 €. Hors communauté de communes, adultes : 5,50 €, enfants : 3,50 €. Gratuit pour les moins de 3 ans. Bonnet de bain obligatoire. Espace balnéo pour les plus de 16 ans : hammam et sauna (10 € la séance).

L'Aqua'Abb est plus qu'une piscine, c'est un centre de natation ouvert à tous ! Le bassin olympique (découvert aux beaux jours) permet de faire quelques longueurs, sans être gêné par les barboteurs. Le complexe dispose également d'un bassin sportif de 25 m, d'un bassin de loisirs, d'une fosse à plongeon et d'une pataugeoire pour les plus petits. Tout le monde y trouve son compte. Pour varier les plaisirs, il y aussi un grand toboggan de 50 m et un petit dans la pataugeoire. De nombreuses activités sont également proposées à tous ceux qui aiment faire de l'exercice physique dans l'eau : aquagym, aquabike ou bien encore aquarunning. Enfin, après votre séance de sport, vous pourrez profiter de l'espace détente avec hammam et sauna.

LUDAIR, SURVOL DE LA BAIE DE SOMME EN ULM

RN1 Buigny-Saint-Maclou
Aérodrome de la Somme
✆ 03 22 24 36 59
http://ludair.pagesperso-orange.fr/
ludair-info@orange.fr

A bord d'un ulm vous survolerez, grâce à une équipe sensationnelle et dynamique, la capitale maritime ou la Baie de Somme telle que vous ne l'avez jamais vue. Seul le décollage à 120 km/h sur quelques mètres est impressionnant. Dans les airs lorsque le moteur est coupé, c'est l'extase. Plus un bruit, on voudrait que ce tour en ulm ne s'arrête jamais. Le plus, le club offre aussi des formations pour passer le brevet de pilotage, pour l'emport de passager ou encore pour devenir instructeur afin de prendre votre propre envol.

S'AMUSER – SORTIR

LE BIDULE

49, place Max-Lejeune
✆ 03 22 24 10 18
Ouvert du lundi au samedi de 10h à 1h ; le dimanche de 15h à 20h. Terrasse. Restauration. Plat du jour 10 € ; 2 plats 12 € et 3 plats 15 €.

La décoration de ce bar lounge est lumineuse et contemporaine, avec des couleurs vives, et c'est le lieu parfait pour prendre un verre entre amis dans un cadre très agréable. L'ambiance y est plaisante et le personnel souriant. Pour les plus affamés, le bar fait aussi brasserie et propose quelques plats simples, qui, sans être exceptionnels, permettront de se rassasier. En été, la terrasse permet de profiter du soleil sur la place principale d'Abbeville, assis sur une chaise ou dans un confortable petit fauteuil à deux pas de l'hôtel de ville. Le Bidule s'anime particulièrement les soirs de matchs, retransmis sur plusieurs écrans.

HIPPODROME

Chemin des Courses
✆ 03 22 31 12 50
www.hippodrome-abbeville.fr
contact@hippodrome-abbeville.fr
Courses de mai à septembre. Restauration. Jeux pour enfants. Parking gratuit.

Au beau milieu de la prairie Malicorne, l'hippodrome est entouré de verdure. Il dispose d'une belle piste en herbe de 1 400 mètres avec corde à gauche et d'une tribune couverte. Amoureux des courses hippiques, vous êtes au bon endroit ! Entre deux courses, vous pourrez profiter d'un bar-restaurant et passer un moment avec les bambins grâce aux jeux pour enfants. Anecdote restée dans les annales : en 2001, l'hippodrome (comme le reste de la ville) fut inondé : près d'1,50 m d'eau recouvrait la piste ! Il aura alors fallu cinq ans pour reconstruire et que les courses puissent à nouveau s'y dérouler... Désormais, l'hippodrome connaît un grand succès à chaque événement. Et tous les premiers dimanches du mois de septembre, vous pourrez assister au Grand Prix de la ville d'Abbeville.

LE SAINT-PIERRE

13, rue Alfred-François
✆ 03 22 27 73 75
Ouvert du lundi au jeudi de 10h à 1h ; le vendredi et le samedi de 10h à 2h. Bières 4 € ; whiskys 6 € ; shooters 3 € ; softs 2,50 €.

Une adresse incontournable d'Abbeville pour les amateurs de cocktails, de bières et de bonne ambiance : le Saint-Pierre est LE bar le plus populaire pour les habitants de la ville. Situé dans une petite rue, il ne passe pourtant pas inaperçu, avec sa façade rouge vif type pub londonien. L'établissement organise régulièrement des concerts, des lectures, des spectacles, des retransmissions de matchs de rugby et de football et des soirées jeux de société. Mais attention pour les amateurs de cartes : il est inscrit sur la façade « les tricheurs de belote seront trempés dans le goudron et les plumes ». On vous aura prévenu !

BUIGNY-SAINT-MACLOU

Dans le parc naturel régional de la baie de Somme – Picardie maritime depuis 2020, Buigny-Saint-Maclou est surtout connu pour son remarquable château et son aérodrome. Une aubaine pour s'offrir un survol du département et des images inoubliables.

SE RESTAURER

L'AÉRODROME
D1001, 1, rue Michel Doré
Aérodrome d'Abbeville
✆ 03 22 19 17 89
www.laerodrome.com

Logis. Ouvert le mardi et le dimanche le midi ; du mercredi au samedi le midi et le soir. Formule du midi : 15,90 € (les deux plats et 19, 90 € les trois plats en semaine). Vin au verre. A la carte le week-end. Hôtel de 15 chambres : 75 € la chambre double sans le petit-déjeuner. Accueil des groupes. Terrasse.
Déguster une terrine maison ou une ficelle picarde tout en admirant le ballet des avions ou un baptême de montgolfière : c'est possible dans ce restaurant attenant aux pistes de l'aérodrome ! La carte dévoile des plats qui changent toutes les semaines, à base de produits frais et de saison et la part belle est faite aux spécialités picardes. Une idée originale pour un déjeuner ou un dîner dans une ambiance conviviale et insolite et dans un cadre qui allie parfaitement les touches de moderne et de rustique. Aux beaux jours, la terrasse offre une très belle vue sur un cadre verdoyant. À coupler pourquoi pas avec un baptême de l'air ? L'hôtel attenant dispose de chambres entièrement refaites en 2017.

SPORTS / LOISIRS / ACTIVITÉS

AÉRODROME D'ABBEVILLE
✆ 03 22 24 08 48
http://aeroclub-abbeville.fr
info@aeroclub-abbeville.fr
Tarifs pour deux personnes : 105 € pour un tour de la ville d'Abbeville (15 min), 180 € pour survoler la baie de Somme (30 min), 230 € pour survoler la côte picarde (1h). Bon cadeau valable 1 an.
Survoler la baie de Somme en avion : quelle expérience inoubliable ! En prenant de la hauteur à bord d'un Cessna 172 ou en Robin-DR 400 très confortable, vous découvrirez la collégiale d'Abbeville, le canal de la Somme jusqu'à Saint-Valery, les belles maisons de Mers-les-Bains, les falaises d'Ault, Saint-Valery et Le Crotoy... Clou du spectacle : admirer les bancs de sable de la baie de Somme aux couleurs si changeantes, avec, si vous avez de la chance, quelques phoques qui se prélassent à marée basse !

ARGOULES

A proximité du littoral de la Manche, Argoules est principalement connue pour l'abbaye et les jardins de Valloires. L'ensemble de ce site de 21 hectares est d'ailleurs classé monument historique. La commune abrite aussi un château édifié au XVIe siècle et qui fut quelque peu modifié au XIXe siècle dans un style néogothique. Symbole de la liberté, un vieux tilleul classé monument historique naturel fut planté sur la place de l'église juste après la Révolution française.

A VOIR – A FAIRE

■ ABBAYE DE VALLOIRES ★★★

Valloires
✆ 03 22 29 62 33
www.abbaye-valloires.com
contact@abbaye-valloires.com

Ouvert tous les jours, de mi-mars à mi-novembre. Visite uniquement guidée pour l'abbaye : mars, octobre et novembre en semaine à 11h et 15h, le week-end à 11h30, 14h et 15h30. Avril et septembre : tous les jours à 10h30, 11h30, 13h30, 14h30, 15h30 et 16h30. De mai à août : tous les jours à 10h30, 11h30, 13h30, 14h30, 15h30, 16h30 et 17h30. Tarif : 8 € par adulte et 5,50 € par enfant (6 à 16 ans). Visite des jardins seuls : 9,50 € par adulte, 5,50 € par enfant. Billet combiné abbaye + jardins : 15,90 € par adulte et 9 € par enfant. Chèques non acceptés. Restauration. Boutique.

Cet ancienne abbaye cistercienne du XIIe siècle a été reconstruite au XVIIIe siècle avec une grande unité de style : le cloître entouré de galeries voûtées, la salle du chapitre aux superbes boiseries et surtout l'église abbatiale remarquable, sobre à l'extérieur, et très richement meublée à l'intérieur. Le sculpteur Pfaffenhoffen a donné libre cours à toute sa fantaisie baroque en réalisant ce buffet d'orgue en chêne et tilleul et les boiseries de l'église et des salons de l'abbaye. Jean Veyren dit le Vivarais a lui réalisé les magnifiques grilles restaurées récemment et la suspension étonnante au-dessus du maître-autel. La visite suscite l'envie de suivre la piste des grands artistes du XVIIIe siècle en Picardie comme Pfaffenhoffen, Autrichien réfugié en France à la suite d'un duel. Heureux événement pour la Picardie puisqu'il réalisa le buffet d'orgue de l'abbaye de Valloires, l'autel monumental de la chapelle de l'hôtel-Dieu de Saint-Riquier et certaines portes d'hôtels particuliers d'Abbeville. Vous ne pouvez la visiter qu'avec un guide, et non librement, car elle héberge actuellement une maison de retraite et un foyer médico-social pour enfants. Les jardins en revanche sont en visite libre : en avril, les cerisiers y sont magnifiques, l'été les 200 rosiers embaument, et l'automne les feuillages invitent à la rêverie.

JARDINS DE VALLOIRES ★★

Valloires ✆ 03 22 23 91 32
www.jardinsdevalloires.fr
jardins.valloires@baiedesomme.fr
♿

Jardin remarquable. Ouvert de fin mars à mi-novembre. Basse saison : ouvert tous les jours de 10h30 à 18h. Haute saison : tous les jours de 10h à 19h. Adulte : 9,50 €. Enfant (de 6 à 16 ans) : 5,50 €. Billet commun Jardins et Abbaye : 15.90 € adulte et 9 € enfant. Famille 4 personnes 26,60 €. Fauteuils roulants disponibles à la billetterie. Visite guidée (les dimanches à 11h). Restauration (tous les jours de 12h à 15h ; réservation conseillée ; formule du jour 17,40 €, menu à 27 €, menu enfant 10 €. Salon de thé). Boutique.

Les Jardins de Valloires présentent une collection unique en France de 5 000 espèces et variétés d'arbustes rares. Tout a été conçu de manière à ce que l'harmonie entre les jardins et l'architecture du cloître soit respectée. Labellisé Jardin remarquable, ce décor végétal est le chef-d'œuvre du paysagiste Gilles Clément. La visite démarre par le Jardin régulier, cloître végétal faisant écho au cloître minéral de l'abbaye. Au bout de l'allée centrale de pure inspiration française, la roseraie présente une remarquable collection d'un millier de rosiers anciens. Dans le Jardin des marais, l'atmosphère est plus sauvage. Au Jardin des îles, vous pouvez déambuler à la découverte des collections botaniques plantées en fonction de leur harmonie de couleurs et de senteurs. Enfin, le Jardin de l'évolution est un hommage à Jean-Baptiste Lamarck, botaniste des Lumières, et vous invite à découvrir l'évolution du monde végétal depuis 400 millions d'années. Vous pourrez faire une halte à l'excellente Table du Jardinier (restaurant-salon de thé) qui propose une carte originale de plats à base de légumes, fleurs, fruits, et vous offrir un petit souvenir à la boutique. Pour les enfants, des ateliers « mains vertes » sont proposés pendant les vacances scolaires.

Parterres fleuris dans les Jardins de Valloires.

© CATHERINE FAUCHEUX

La visite des Jardins de Valloires est un enchantement.

SE RESTAURER

AUBERGE DU COQ EN PÂTE

37, Grande-Rue ✆ 03 22 29 92 09
A la sortie d'Argoules
en direction de l'abbaye

Tables & Auberges de France. Fermé en janvier. Ouvert du mercredi au samedi le midi et le soir ; le dimanche midi. Menus de 20 € à 45 € (entrée, plat et dessert). Plat du jour : 13 €. Accueil des groupes. Terrasse.

Entre tradition et modernité, appréciez ce petit coin de campagne ! Ici, le mot « auberge » prend tout son sens... La déco rend hommage à la basse-cour, tandis qu'en cuisine le chef met en valeur les produits régionaux et même ceux de son potager : ravioles de foie gras, pigeonneau rôti aux baies de genièvre, pain perdu brioché, caramel à l'ancienne... De l'entrée au dessert, en passant par les mignardises et le pain, tout est fait maison et avec soin, et les papilles se régalent. Le tout animé par un service souriant et chaleureux. Une adresse incontournable lors de votre prochaine visite de l'abbaye de Valloires.

AUBERGE DU GROS TILLEUL

Place du Château ✆ 03 22 29 91 00
auberge-du-gros-tilleul.fr
hotel.argoules@gmail.com

Ouvert tous les jours de 12h à 13h45 et de 19h à 20h30. Réservation recommandée. Menus de 18,50 € à 28,50 €. Menu enfant : 8 €. Formule du midi : 13,50 €. Plat du jour : 10 €.

Dans cette auberge typique picarde, ancien relais, d'un cachet certain, vous apprécierez d'abord la chaleur et la sérénité du lieu. Vous y dégusterez des plats du terroir, simples, maîtrisés et copieux comme l'immanquable ficelle picarde, le filet mignon sauce moutarde ou encore l'aile de raie sauce aux câpres.

Côté desserts, les classiques fonctionnent avec par exemple la tarte aux pommes, le baba au rhum, la poire Belle-Hélène, les profiteroles au chocolat sans oublier la crème caramel du chef. Tout est fait maison, à part la terrine de campagne et les glaces. Un arrêt de choix !

LA TABLE DU JARDINIER
Jardins de Valloires
✆ 03 22 23 71 13
www.baiedesomme.fr

Ouvert du de mi mars à mi novembre. Ouvert tous les jours et les jours fériés de 12h à 15h. Menu unique à 27 €. Menu enfant : 10 € (pour les moins de 12 ans). Formule : 17,40 € (soupe, plat et boisson). Vin au verre. Jardin. Terrasse. Vente à emporter. Boutique. Ateliers thématiques (semaine du goût).

La Table du Jardinier est le restaurant des Jardins de Valloires. Telle la palette d'un peintre, l'assiette adopte les couleurs de la saison. Normal puisque le chef Sébastien Crépy utilise le plus souvent possible ce qui pousse dans le jardin. Violette, mesclun ou aromates du moment, cocktails au sirop de coquelicot, jus de légumes, crêpes à la poire confite au vin de rose, moelleux chocolat à la sauce menthe, un poisson ou une viande avec beaucoup d'herbes inconnues et que dire du sorbet à la rose… un ravissement ! Malgré la grande originalité des plats, les tarifs restent raisonnables. Pour vous y rendre, ne vous arrêtez pas à l'abbaye de Valloires, mais continuez un peu plus loin, jusqu'aux jardins. Envie de ramener un petit souvenir de ce délicieux moment passé à la Table du Jardinier ? Faites un petit tour à la boutique du restaurant qui propose des produits du terroir et des jardins de Valloires, mais aussi des livres et des objets de la région !

EMPLETTES

CONSERVERIE SAINT-CHRISTOPHE
D 12, Petit-Chemin
✆ 03 22 23 91 60
www.conserverie-st-christophe.com
contact@conserverie-st-christophe.com
Suivre les panneaux à la sortie d'Argoules en direction de Rue.

Ouvert du lundi au vendredi de 9h à 12h et de 14h à 18h ; le samedi de 9h à 12h et de 14h à 19h. Livraison possible (à partir de 125 € d'achat).

Ce lieu incontournable vous offre l'occasion d'emporter des spécialités régionales, présentées en verrines et que vous pourrez conserver pendant plusieurs années. Cette entreprise familiale travaille avec des producteurs locaux afin de se fournir en matières premières de grande qualité. Vous pourrez choisir entre des pâtés, des terrines, des plats cuisinés, des soupes, des produits de la mer, des condiments et des spécialités du Nord et de la baie de Somme, sans oublier les lots et coffrets cadeaux qui font toujours leur effet au retour des vacances ! On vous conseille particulièrement le pâté au maroilles et les salicornes au vinaigre. À noter aussi la présence de quelques plaisirs sucrés, bonbons au coquelicot et autres confitures aux baies d'argousier. Un délice !

AULT

★

Trait d'union entre la Picardie maritime et le pays de Caux, Ault-Onival est une station balnéaire charmante. Du haut de ses falaises majestueuses de 80 mètres de hauteur, la ville surplombe la mer. La vue est impressionnante bien que les fortes marées avec l'érosion menacent constamment la ville d'effondrement. Les falaises d'Ault s'élèvent tels des colosses, dominant la mer de leurs 100 mètres de hauteur. « Cet endroit est beau. Je ne pourrais m'en arracher », écrivait Victor Hugo à sa femme. « Le bourg d'Ault se défend comme il peut, la mer est rude sur cette côte, l'hiver est orageux, la falaise s'en va souvent par morceaux. Une partie du village pend déjà aux fêlures du rocher », continuait-il.

■ **OFFICE DE TOURISME**

17, avenue du Général-Leclerc
✆ 02 35 86 05 69
www.destination-letreport-mers.fr

Ouvert d'avril à septembre, les vendredi et samedi de 10h à 12h et de 14h à 17h. Pendant les vacances de février, les vendredi et samedi de 10h à 12h et de 14h à 17h, les vacances de Pâques, les mercredi, vendredi et samedi de 10h à 12h et de 14h à 17h, et les vacances d'été, du lundi au samedi de de 10h à 12h30 et de 14h à 17h30. Boutique.

On sent qu'il y a ici le goût de vous conseiller et une bonne connaissance des points d'intérêt du secteur. On ne peut pas dire que l'agencement soit des plus modernes, mais tant que le conseil et les documents sont de qualité... Dommage toutefois que l'établissement n'occupe pas une position sur le front de mer, là où les promeneurs s'attardent. Il vous faudra remonter la rue qui traverse le village durant quelques hectomètres, un peu après l'église. Reste ensuite à vous organiser le séjour de vos rêves en baie de Somme !

A VOIR – A FAIRE

■ **BOIS DE CISE** ★★

Dépliant gratuit disponible à l'office de tourisme.

Il s'agit du seul bois naturel des côtes de la Manche, il fut même un lieu de chasse à courre au Moyen-Age. Niché au creux des falaises, au sud d'Ault, c'est un charmant site verdoyant qui se termine par une élégante station classée Belle époque. Vous apprécierez aussi sans doute, comme Victor Hugo, le très beau point de vue. Un circuit pédestre illustré est disponible à l'office du tourisme pour ne rien manquer des principaux points d'intérêts du Bois de Cise. Les escaliers qui permettent de descendre jusqu'au pied des falaises sont à emprunter pour mieux jauger la hauteur des grands murs blancs naturels.

Par contre, pas question d'aller plus loin, les panneaux vous l'interdisent et les nombreux bouts de falaises en contrebas vous incitent forcément à la prudence.

CHAPELLE NOTRE-DAME-D'ONIVAL

Rue Jean-Mermoz

Ouvert de Pâques aux Journées européennes du patrimoine. Ouvert tous les jours de 10h à 18h. Gratuit.

Construite en 1886, au moment où la station balnéaire d'Onival-les-Bains voyait le jour, cette chapelle est le dernier vestige d'une époque fastueuse pour la commune. Un homme d'affaires, Louis Gros, avait entrepris de faire d'Onival une des stations les plus courues de la côte. Il y avait d'ailleurs fait construire entre autres de somptueuses villas, dessinées par les plus grands architectes parisiens. Mais les plus belles d'entre elles furent détruites par toutes les tempêtes successives. L'accès à la chapelle se mérite : on y accède par un escalier. L'effort en vaut la peine : le point de vue est imprenable sur la ville et la plage d'Onival.

ÉGLISE SAINT-PIERRE ET SON BEFFROI

Place du Maréchal-Foch

✆ 03 22 60 57 15

Actuellement en travaux.

Les amateurs d'architecture religieuse et maritime vont apprécier ce lieu caractérisé par son étonnant beffroi ecclésiastique. L'église Saint-Pierre était à l'origine une chapelle. Construite en 1234 par la comtesse Adèle de Ponthieu, elle s'agrandit au XIVe siècle, et devient donc une église. Au XVe siècle, elle gagne deux nefs, suite à l'exode des habitants d'Eu qui fuient le ravage de leur ville décidé par Louis XI. Le clocher est une imposante tour quadrangulaire qui s'achève par une plateforme avec des gargouilles aux quatre angles et trois cloches. Bâti au XIVe siècle, il est sans nul doute la partie la plus spectaculaire et originale de l'édifice, avec une fine tourelle de guet à son sommet. S'il est clocher de fonction, il est juridiquement considéré comme étant un beffroi.

FALAISES

www.destination-letreport-mers.fr

Si vous venez du littoral de la baie de Somme ou de la Côte d'Opale, le changement de décor est saisissant ! Vous vous croirez sur un vertigineux littoral irlandais ! A Ault débute une succession de falaises de craie blanche qui va se poursuivre sur le littoral normand. L'entrée en matière est ici abrupte, puisque les plus impressionnantes falaises culminent à plus d'une centaine de mètres. Ce ne sont pas moins que les plus hautes falaises de craie du continent ! On y bénéficie d'une vue panoramique superbe sur la baie de Somme et sur le littoral normand. Devant ce spectacle naturel, on comprend pourquoi le label Grand Site de France inclut non seulement la baie de Somme, mais aussi ces falaises qui vous couperont le souffle !

LE HABLE D'AULT ★

Ce vaste étang d'eau douce est entouré de sentiers où nichent deux cents espèces d'oiseaux. Les 250 hectares constituent un véritable paradis pour les cygnes, les foulques, les gravelots, les sarcelles, les hérons et busards. Cette réserve naturelle complète le parc du Marquenterre. Il y plane un grand silence, un sentiment d'absence, troublé par les rafales de vent et les cris des oiseaux, sur lequel flottent des odeurs herbeuses marécageuses, douces et salines. Garer sa voiture et profiter pleinement de

Falaises d'Ault.

ces instants magiques. Les falaises d'Ault s'élèvent alors tels des colosses, dominant la mer de cent mètres.

MONUMENT AUX MORTS LANDOWSKI

Au pied de l'église

Il y a parfois des histoires étonnantes. Si l'on ne connaissait pas l'identité du sculpteur qui a livré à la ville ce monument aux morts en 1921, on en parlerait probablement pas, ou très peu. Or il s'agit de Paul Landowski, qui a sculpté entre autres le célèbre Christ rédempteur de Rio de Janeiro, et la Sainte-Geneviève du pont Tournelle à Paris. Autant dire, un artiste internationalement connu ! Vous trouverez l'œuvre au pied de l'église Saint-Pierre.

PHARE ★

Boulevard du Phare

Ne se visite pas.

Le phare d'Ault est l'un des plus imposants de France, avec ses 28 mètres au-dessus du sol et ses 110 mètres au-dessus de la mer, si l'on compte la hauteur de la falaise sur laquelle elle est implantée. Il a été reconstruit et mis en service en 1951, suite à un dynamitage en 1940. Le voici en quelques chiffres : la lampe halogène a une puissance de 650 watts et une portée de 50 à 80 km par temps clair, 40 km par temps moyen. Les rayons blancs peuvent être aperçus dans un secteur de 135 degrés, depuis Le Tréport jusqu'au sud de la baie de Somme. Les rayons rouges, qui signifient le danger, sont visibles depuis le sud de la baie de Somme jusqu'au nord du Crotoy. Détail intéressant : le phare est désormais automatisé et contrôlé depuis Saint-Valery-sur-Somme.

PLAGE D'ONIVAL

A cheval sur les communes d'Ault et Woignarue

Location de cabines de plage à partir de 50 € la semaine (se renseigner à l'office de tourisme).

C'est l'un des atouts majeurs du secteur malgré la perte de son pavillon bleu en 2016. Elle parvient à séduire tous les types de vacanciers : les promeneurs en quête d'air pur et de grands espaces ; les pêcheurs à pied à la recherche de crevettes grises ; ou encore les sportifs désireux de profiter de grands espaces pour s'adonner à leur sport favori (char à voile, kitesurf, ou encore randonnée équestre). De plus, la plage s'étendant sur près de 8 kilomètres, tout le monde peut pratiquer l'activité qu'il souhaite sans risquer de gêner son voisin.

SE RESTAURER

LE 1837 – VICTOR HUGO RESTAURANT

25, rue de la Pêche ✆ 03 22 30 04 04
www.villaaultiahotel.com
info@villaaultiahotel.com

Logis. Ouvert toute l'année. Du mercredi au dimanche de 12h à 14h et de 19h à 21h30. Réservation recommandée. Menus de 35 € à 55 €. Formule du midi : 25 €. Vin au verre. Terrasse. Hôtel 4 étoiles.

Un restaurant qui rend bien hommage à Victor Hugo, avec une atmosphère remplie de charme et une décoration digne des salons littéraires du XIXe siècle. L'auteur séjourna même entre ses murs. Nicolas-Salvatore et Jean-François-Emmanuel Morgillo, propriétaires depuis 2013, ne manqueront pas de vous conter ses histoires. Dans l'assiette, vous serez immanquablement surpris par les saveurs des plats. Les poissons et les viandes sont cuisinés avec attention. Vous pourrez ainsi déguster un maquereau en gelée de riesling, un poulet « à la percheronne » ou encore une farandole de poissons, selon les arrivages. Fraîcheur garantie ! On apprécie le patio intérieur fleuri, la carte des vins intéressante et un prix doux pour des mets aussi exceptionnels.

La ville d'Ault.

CAYEUX-SUR-MER

La station balnéaire familiale du littoral picard tire son nom du banc de galets déposé par la mer après avoir roulé les silex arrachés aux falaises de craie toutes proches. La version picarde de cailloux, « chais cayeux », sont mondialement reconnus pour leur dureté, leur pureté et leur couleur bleue. Destinés à la construction, on les retrouve volontiers en décoration, pour le filtrage ou la fabrication de papier de verre. Cuits, ils sont utilisés dans la préparation des céramiques et des peintures. Le chemin des planches, le plus long d'Europe avec ses 1 800 mètres de long, attire de plus en plus les touristes et les metteurs en scène qui souhaitent profiter des beautés de la baie de Somme pour leurs créations. Ses 420 cabines de plage ajoutent à cette station un charme inoubliable.

OFFICE DE TOURISME

2, place Aristide-Briand
✆ 03 22 26 61 15
www.tourisme-baiedesomme.fr
cayeuxsurmer@ca-baiedesomme.fr
Basse saison : ouvert du mercredi au lundi de 13h30 à 17h30. Haute saison : tous les jours de 9h30 à 12h30 et de 13h30 à 18h. Haute saison d'avril à septembre.

L'office de tourisme de Cayeux vous accueille pour vous donner tous les bons plans de la ville. Vous pourrez y découvrir les adresses pour dormir, manger et visiter les sites incontournables de la cité balnéaire. Parmi les nombreuses activités, essayez-vous par exemple au kitesurf ! A signaler, le site Internet est particulièrement bien fourni !

Autre adresse : Point info du Hourdel, ouvert de mai à septembre de 10h à 12h et de 14h à 17h30.

CHEMIN DE FER DE LA BAIE DE SOMME

Place du 8 Mai 1945
✆ 03 22 26 96 96
www.chemindefer-baiedesomme.fr
accueil@cfbs.eu
Ouvert d'avril à septembre. Horaires disponibles sur le site internet (brochure « grand public »). Gratuit jusqu'à 4 ans. Adulte : 15 €. Enfant (de 4 à 16 ans) : 11 €.

Le fameux chemin de fer de la Baie de Somme, réseau des Bains de Mer depuis 1887, fait aussi escale à Cayeux-sur-Mer. L'occasion de découvrir sur une trentaine de kilomètres la baie autrement en cheminant entre mollières et marais, jusqu'à Saint-Valery-sur-Somme et Le Crotoy, dans une ambiance Belle Epoque. Dans la gare, une jolie boutique vous attend pour faire le plein de souvenirs. Ne ratez pas la journée du samedi 15 août 2020 pour découvrir la gare Belle Epoque de Cayeux, avec des animations gratuites de 11h à 18h (jeux picards, mini-train vapeur, restauration...).

LES PHOQUES DE LA BAIE DE SOMME

✆ 03 22 26 61 15
Sorties de février à décembre. Comptez 2h30 - 3h pour la sortie. Visite guidée (sur réservation auprès de l'office de tourisme).

Cette sortie familiale, proposée par l'office de tourisme, vous fera partir à la découverte d'une nature hors norme, avec ses oiseaux, ses plantes comestibles ou odorantes, ses rivages, et, si vous êtes chanceux, les veaux marins (l'espèce de phoque la plus représentée avec plus de 400 individus). Vous pourrez également croiser les phoques gris. Cette colonie 100 individus a élu domicile sur la pointe du Hourdel depuis plusieurs siècles ! Les phoques sont présents toute l'année mais avec une hausse très notable des effectifs entre juin et octobre. L'association Picardie Nature veille sur ses mammifères d'environ 100 kg en assurant un travail de prévention auprès des touristes et en soignant les bébés abandonnés. Une règle à retenir pour les observer : respecter une distance de 300 mètres.

A VOIR – A FAIRE

CANOT DE SAUVETAGE BENOIT CHAMPY

Boulevard du Général-Sizaire
✆ 06 74 55 04 44
Basse saison : ouvert le samedi de 9h30 à 12h30. Haute saison : tous les jours de 10h à 12h30 et de 15h à 18h. Gratuit.

Dans un abri de Cayeux-sur-Mer sommeille un ancien canot de sauvetage autrefois dit « l'Insubmersible ». Le *Benoît Champy* a été construit en 1887. Jusqu'en 1956, il effectua de nombreuses sorties en mer, pour porter assistance aux embarcations en difficulté et aux navires naufragés. De taille importante puisque sa longueur atteint 10 mètres, il a été conçu pour résister aux mers les plus fortes. Il fallait notamment douze chevaux pour le mettre à l'eau. Classé monument historique avec l'abri de sauvetage qui le protège, il a su conserver toute sa fraîcheur.

Restauré sous l'impulsion de l'amicale des Pompons Rouges, ces passionnés vous proposent de revivre l'épopée du *Benoît Champy* au travers de visites guidées.

CHAPELLE DES MARINS ★

Rue du Général-Leclerc
Ouvert toute l'année. Tous les jours et les jours fériés de 9h à 18h.

Les chapelles dédiées aux marins sont nombreuses dans les environs. Celle de Cayeux-sur-Mer symbolise le riche passé maritime de ce quartier où, jusqu'à la fin des années 1940, les pêcheurs débarquaient directement leurs poissons sur la grève. Dédiée à Notre-Dame-de-la-Mer, elle fut construite en 1859 à 100 mètres de la plage. C'est là que les marins priaient avant les départs en mer et au retour, en guise de remerciements. En regardant de plus près la façade, on découvre Marie sur une barque, arrivant au port de Boulogne-sur-Mer. L'intérieur de la chapelle est sobre et soigné et la nef est couverte d'une splendide voûte en berceau. La lumière qui s'infiltre dans les vitraux donne une atmosphère douce et propice au calme.

LA CHAPELLE DU HOURDEL

La chapelle du Hourdel fut aménagée dans un ancien hangar qui servait de remise pour les pêcheurs hourdellois. Ce dernier fut donné par monsieur Coiret-

Coucher de soleil, Cayeux-sur-Mer.

Chevalier et l'abbé Parvilliers le fit transformer en chapelle. Au XXe siècle, on s'y rendait essentiellement au lendemain de la première communion.

ÉGLISE SAINT-PIERRE

Rue du Maréchal-Foch
Ouvert toute l'année. Entrée gratuite.
L'église Saint-Pierre est assez récente : à peine plus d'un siècle d'existence. Elle a été livrée le 3 août 1902 et a été déplacée par la suite, depuis l'actuel quartier de la vieille église, au sud de Cayeux-sur-Mer. L'église a suivi le mouvement de la population, depuis le sud jusqu'au nord, en direction de la mer et de ses ressources. Le plan de la ville fut repensé et le lieu de culte déplacé, pour le rendre plus accessible aux habitants du « quartier de la plage ». L'orgue date de 1913 et est en parfait état de marche. Cette église de briques rouges, qui peut accueillir jusqu'à 500 personnes, possède à l'intérieur de très beaux vitraux et statues.

PHARE DE BRIGHTON

Avenue du Commandant-Yves-Masset
Ne se visite pas.
Ce phare d'environ 32 mètres de haut tient son nom de la ville de Brighton, qui se situerait sur les côtes anglaises juste en face de la commune de Cayeux-sur-Mer. Il s'agit du phare le plus haut du littoral picard. Il est l'œuvre des architectes Bahon et Carrère et a été mis en service en 1951, en remplacement de celui détruit par les Allemands en août 1944 et qui datait de 1835. La tour, peinte en blanc et rouge dans sa partie haute, est en béton armé recouvert de briques. Depuis 1999, son fonctionnement a été automatisé et le phare a subi des travaux sur sa façade en 2017 car des morceaux menaçaient de se détacher, provoquant un problème d'étanchéité. Un lieu que les amoureux d'architecture maritime ne doivent pas manquer d'aller photographier sous tous les angles.

PLAGE DE CAYEUX-SUR-MER ★

Boulevard du Général-Sizaire

Zone de baignade surveillée l'été de 11h à 18h30.

Aucune bousculade à prévoir ici, ni de gêne à cause de votre voisin de serviette ! Les 14 km de plage de Cayeux permettent d'être libre de ses mouvements et de conserver de l'intimité, voire pour les artistes de profiter de l'inspiration sans être dérangés. A marée haute, vous pourrez vous balader sur les galets et à marée basse, c'est sur le sable que vous étendrez votre serviette pour profiter du soleil ou pratiquer une des nombreuses activités offertes à vous (cerf-volant, pêche à pied ou encore simple promenade). Et pourquoi pas vous essayer au kitesurf ? Il s'agit en effet de l'un des plus beaux spots du nord de la France pour les adeptes ! La plage est surtout connue pour ses 2 km de cabines, qui ont dessiné au fil des années le paysage de Cayeux-sur-Mer et l'ont rendu reconnaissable entre tous. Les chiens sont autorisés dans la zone non surveillée, s'ils sont tenus en laisse. Vous pourrez également pousser votre balade jusqu'à la pointe du Hourdel pour observer la belle colonie de phoques marins.

LA POINTE DU HOURDEL

Lieu-dit Le Hourdel

Quel panorama unique sur la baie de Somme ! Vous apercevrez en face Le Crotoy et sur la droite Saint-Valery. Soyez très attentif, car au large, il est plus que fréquent de voir des petites têtes noires pointer leur museau. En marée haute comme en marée basse, Le Hourdel est l'un des points de mire privilégiés d'observation des phoques de la baie. Une équipe de bénévoles se trouve régulièrement sur place pour vous aider à les repérer. Prenez cependant garde de ne pas déranger cette espèce protégée et munissez-vous de jumelles, c'est encore l'idéal pour voir sans être

Ramasseurs de coques à la pointe du Hourdel.

© JAG IMAGES – STOCK.ADOBE.COM

La Pointe du Hourdel.

vu. Vous pouvez les louer gratuitement au point d'information touristique, juste à côté du parking. À marée basse, lorsque la mer se retire à des kilomètres, il n'est pas prétentieux de dire que vous profitez d'un panorama sur l'une de plus belles baies du monde.

LA VOIE VERTE

Entre Le Hourdel et Cayeux-sur-Mer

Le loueur Avovelo vous attend de mai à septembre en face du kiosque d'infos. Téléphone 06 60 85 90 67. Tarif : à partir de 10 € la demi-journée.

La reconversion de la route blanche en voie verte est une réalisation exemplaire en matière d'environnement. Elle constitue une alternative au « tout voiture », une découverte du territoire autrement et qui favorise ainsi les modes touristiques écologiques. Vous pouvez désormais profiter d'un espace sans voiture pour mieux apprécier la nature environnante, les écosystèmes marins, les végétaux ainsi que les nombreux oiseaux qui peuplent le ciel et les arbres. Une superbe balade, à pied ou à vélo, vous attend, entre terre et mer, durant laquelle vous pourrez admirer en toute tranquillité des paysages encore intacts.

LA RÉSERVE D'AVIFAUNE DU HÂBLE D'AULT

Cette réserve naturelle était autrefois une importante zone de mouillage des navires. Aujourd'hui, le marais est essentiellement connu pour la richesse de sa faune sauvage. En effet, plus de 270 espèces d'oiseaux migrateurs y trouvent refuge à plusieurs moments de l'année, un vrai paradis pour les ornithologues. La réserve est également riche d'une très belle flore. De nombreuses espèces de plantes y vivent librement, dont certaines sont par ailleurs protégées au niveau national comme le chou marin. Une très belle sortie qui offre l'occasion d'une douce randonnée durant laquelle il ne faut pas oublier son appareil photo !

SE RESTAURER

LES GALETS BLEUS

982, boulevard du Général-Sizaire
✆ 03 22 26 81 95
www.hotel-cayeux-baiedesomme.fr
♿

Fermé en février. Ouvert tous les jours le midi et le soir. Fermé le mercredi soir et le jeudi hors juillet-août. Menus de 23 € à 32 €. Menu enfant : 9 €. Vin au verre. Accueil des groupes. Chaises bébé. Terrasse. Hôtel 3 étoiles de 12 chambres.

Dorothée et Yvan vous accueillent dans leur établissement entièrement rénové en 2016. Ils vous proposent une cuisine traditionnelle et inventive, essentiellement à base de produits frais de nos côtes. Parmi les spécialités du chef : couteaux farcis au beurre de légumes, sole meunière, wok de bœuf, saumon mi-cuit au sésame, moules de bouchot, et en dessert le savoureux Ch'Tiramisu... Grâce aux larges baies vitrées, vous pourrez déguster votre repas tout en profitant de la mer et du coucher de soleil. L'établissement fait aussi hôtel et demi-pension.

LE CALYPSO

Derrière le casino
11, place Georges-Clemenceau
✆ 03 22 26 34 32
www.restaurant-creperie-cayeux.fr
calypsocayeux@gmail.com

Ouvert du mardi au jeudi et le samedi le midi et le soir ; le vendredi soir ; le dimanche midi. Menus de 12,10 € à 15,30 € (une crêpe salée et une sucrée). Menu enfant : 9,50 € (pour les moins de 12 ans). Vin au verre. Chèque Vacances, Chèque Restaurant. Chaises bébé. Terrasse. Vente à emporter.

Un très bon et très sympathique restaurant-crêperie sur cette place tranquille de Cayeux. Dans un cadre qui ne manque pas de références à l'univers marin, vous pourrez déguster un très grand choix de crêpes au sarrasin : à la charcuterie, aux légumes, aux produits de la mer ou au fromage, ainsi que des crêpes au froment sucrées ou des pizzas. La terrasse est elle aussi très prisée quand le temps est au beau fixe et permet de se restaurer tout en profitant des rayons du soleil. Si vous le souhaitez, vous avez également la possibilité d'emporter les crêpes et les pizzas, et les déguster tranquillement au bord de la mer.

AU MYTILUS

1, rue Boyard
✆ 03 22 26 75 26
www.restaurant-mytilus.fr
au-mytilus@orange.fr
♿

Ouvert tous les jours de 12h à 14h et le soir de 19h à 21h30. Fermé le mardi et mercredi hors saison. Menus de 24,90 € à 33 €. Menu enfant : 8,50 € (entrée plat ou plat dessert. Entrée, plat, dessert 9,50€. Boisson comprise). Formule du midi : 14,90 €. Vin au verre. 80 € le plateau de fruits de mer pour deux personnes (inclus : une 1/2 bouteille de champagne, une 1/2 bouteille de muscadet et un dessert maison au choix). Véranda.

Au Mytilus, c'est l'assurance de manger du fait maison toute l'année. Les fruits de mer et les poissons sont frais et cuisinés avec attention. La choucroute de la mer est un régal. La carte évolue en fonction des arrivages et des saisons. Ne manquez pas d'accompagner votre plat d'un petit muscadet ou bien d'une bière bernache ! L'établissement a été récemment rénové et c'est dans un cadre lumineux et zen que vous pourrez passer un agréable moment en bord de mer. Le personnel est souriant, sympathique et avenant. Des soirées à thème sont régulièrement organisées. Qualité dans l'assiette et animation garantie, été comme hiver !

LE NEPTUNE

204, rue du Maréchal-Foch
✆ 03 22 26 77 22
www.hotel-neptune.com
Logis. Ouvert tous les jours le midi et le soir. Fermé le lundi en hiver. Menus de 25,90 € à 35 € (changement de carte tous les mois (tarif modulé suivant le menu)). Menu enfant : 9 € (pour les moins de 12 ans). Formule : 20,90 € (deux plats en semaine). Vin au verre. Chèque Vacances, Chèque Restaurant. Accueil des groupes. Hôtel deux étoiles.

La baie de Somme et ses produits sont à l'honneur ici, grâce à des plats issus du terroir et une cuisine gourmande concoctée à base de produits issus de producteurs locaux, et principalement de poissons et de fruits de mer. Les menus changent tous les mois mais parmi les spécialités, vous retrouverez les salicornes, les oreilles de cochon (plantes poussant dans les prés salés) et bien sûr l'agneau du Hâble d'Ault de Stéphane Hénocque (déclinaison d'agneau en brochette, côte, gigot, parmentier). Le Neptune bénéficie aussi d'un superbe emplacement, puisque vous vous trouvez à seulement 50 m de la plage de galets et de son chemin de planches.

LE PARC AUX HUITRES

Pointe du Hourdel
✆ 03 22 26 61 20
www.le-parc-aux-huitres.fr
leparcauxhuitres.lehourdel@gmail.com
Fermeture pendant les vacances de Noël et au mois de janvier. Basse saison : ouvert du mercredi au dimanche le midi et le soir. Haute saison : tous les jours le midi et le soir. Haute saison d'avril à octobre. Bar ouvert en journée. Menus de 18,90 € à 42 €. Menu enfant : 12 €. Chèque Vacances, Chèque Restaurant. Chaises bébé. Terrasse. Hôtel de 7 chambres (chambre double de 65 à 75 €, chambre triple 85 € et petit-déjeuner 10 €).

A la pointe de la baie de Somme, le restaurant historique le Parc aux Huîtres a fait peau neuve. Les nouveaux propriétaires Ederic et Delphine Dauphin ont voulu faire revivre au travers de leur décoration l'histoire mythique du port de pêche du Hourdel ! Ces professionnels de la restauration accompagnés de leur chef Jérôme et de son second Cyril travaillent les produits frais, de saison, et font appel à des producteurs, pêcheurs et artisans locaux. Dans leur établissement, vous pourrez déguster poissons et plateaux de fruits de mer dans un cadre offrant une vue imprenable ! La star du restaurant, c'est le homard bleu de nos côtes, mais aussi la choucroute de la mer, le saumon fumé maison, tout comme la terrine d'agneau AOP des prés salés. Pour les plus gourmands, des desserts à tomber, comme le gâteau battu picard revisité façon baba, la verrine au citron meringuée ou la mousse au chocolat façon grand-mère !

LE PETIT BAIGNEUR

1052, boulevard du Général-Sizaire
✆ 03 22 26 28 99
Ouvert tous les jours le midi et le soir. Fermé le lundi et mardi hors-saison. Réservation recommandée. Menus de 26 € à 39 €. Menu enfant : 12,90 €. Chèque Vacances, Chèque Restaurant.
Attention, la réservation est très fortement recommandée pour ce restaurant, qui ne désemplit jamais. Avec sa décoration autour de l'univers maritime, pas de doute vous êtes en Baie de Somme ! Les plats sont toujours justement exécutés, savoureux et de très bonne qualité. Ils s'inspirent des classiques de la région : moules, bien fraîches et bien arrangées, l'indétrônable ficelle picarde du Petit Baigneur gratinée à la crème, particulièrement généreuse et excellente, mais aussi la pêche du jour avec des poissons comme le filet de turbot au four, sauce mangue ! Appréciable également, la large vue sur la mer.

AU PETIT CAFÉ

192, rue du Maréchal-Foch
✆ 03 22 30 54 53
www.hiddenbay.eu
info@hiddenbay.eu
Ouverture de mars à novembre. Basse saison : ouvert du mercredi au dimanche le midi et le soir. Haute saison : tous les jours le midi et le soir. Carte : 25 € environ. Menu enfant : 11 € (pour les moins de 10 ans). Terrasse. Hôtel.
Une petite brasserie sympathique, dans laquelle il règne comme une douce ambiance parisienne. En arrivant, on est d'abord subjugué par la façade typique des années 1920. Une atmosphère d'antan que l'on retrouve aussi à l'intérieur avec le haut plafond et les vitraux. Il attire les artistes et bons vivants du coin. Tous les produits viennent de la région et vous prendrez plaisir à déguster ces plats typiques, comme les moules-frites, l'agneau des prés salés, les huîtres et les poissons et crustacés de la baie de Somme, accompagnés parfois de salicorne. Les soirées s'animent quelquefois de quelques notes de groupes de jazz, et vous pourrez même passer la nuit dans l'hôtel attenant, pour digérer tout ça...

RESTAURANT DE LA MER – BA-QUA-NA

950, boulevard du Général-Sizaire
✆ 03 22 26 61 09
www.ba-qua-na.fr
restaurantdelamer80@orange.fr
♿
Ouvert le mardi, le mercredi, le vendredi et le samedi le midi et le soir ; le jeudi et le dimanche le midi. Menus de 33,50 € à 40,50 € (deux ou trois plats). Menu enfant : 11,15 €. Chèque Vacances, Chèque Restaurant. Terrasse.
Une cuisine toute en finesse et en élégance pour ce restaurant semi-gastronomique. Pour un prix raisonnable, vous pourrez déguster des plats à base de produits de très grande qualité. Parmi les pépites : le ris de veau caramélisé à la normande et sa déclinaison de pommes ou encore le filet de daurade royale poêlé, crème de fenouil. Le poisson qui est évidemment mis à l'honneur, le restaurant se situant à quelques pas seulement de la mer. Le grand plus du lieu : la terrasse, qui vous permettra de profiter de l'air frais chargé d'iode tout en dégustant ces fabuleux plats marins. A noter qu'après les heures de service, vous pourrez toujours profiter de l'espace glaces ainsi que du bar à huîtres.

EMPLETTES

MARCHÉ

Place du Marché

Se tient toute l'année, les mardis, vendredis et dimanches matin.

En plus d'être un lieu balnéaire, Cayeux-sur-Mer est une ville pleine de vie et qui mise sur le local. Si vous y passez plusieurs jours, pensez à faire un tour sur ce marché populaire, qui s'étale en extérieur et dans les halles couvertes, vous découvrirez des produits du terroir, gastronomiques et artisanaux. Le marché est l'endroit parfait pour rencontrer les commerçants de la région, ainsi que les locaux, et cuisiner les produits typiques. De quoi préparer de bons petits plats après de longues journées iodées !

SPORTS / LOISIRS / ACTIVITÉS

ÉCOLE DE KITESURF DE LA BAIE DE SOMME

24, impasse des Marins

✆ 06 74 35 76 43

www.kitesurf-baiedesomme.fr

ecole@kitesurf-baiedesomme.fr

Ouvert de début avril à début novembre. 1 séance découverte (2h30) : 80 €. Cours particulier (2h) hors juillet-août : 200 €.

C'est sur les plages de Cayeux-sur-Mer ou du Crotoy (en fonction de la marée) que vous partirez à la conquête de sensations en vous adonnant à la pratique du kitesurf. L'école de la baie de Somme vous propose des stages de découverte, de perfectionnement, des cours particuliers avec un simulateur et des initiations de foilkite. Toutes ces activités sont encadrées par des moniteurs diplômés d'État pour se faire plaisir en toute sécurité. Ce sont des amoureux de leur région, qui sont là pour vous accompagner vers les plaisirs du kitesurf. Pour rappel, c'est sur une planche glissant sur les eaux que vous vous envolerez, tracté par un cerf-volant ! Mais attention : non sportifs s'abstenir !

RANDONNÉE PÉDESTRE DANS LA RÉSERVE D'AVIFAUNE DU HÂBLE D'AULT

Rue du Maréchal-Joffre

www.somme-nature.com

Départ du vieux phare, à la sortie de Cayeux en direction du Tréport.

Ouvert toute l'année. Circuit de 5 km. Gratuit.

Encore un endroit qui devrait plaire aux fins observateurs de la nature, et plus particulièrement aux personnes qui s'intéressent aux oiseaux sauvages. En effet, le marais du Hâble d'Ault abrite une faune et une flore extrêmement riches : environ 270 espèces d'oiseaux migrateurs ont été recensées depuis la fin du XIXe siècle, ainsi que près de 250 espèces de plantes, dont certaines sont protégées au niveau national, comme le chou marin. Une randonnée assez courte pour se dégourdir les jambes en famille. Les enfants apprécieront tout particulièrement les huttes d'observation, depuis lesquelles ils pourront admirer les oiseaux de la réserve. Le haut de digue permet d'admirer la mer et les falaises, un spectacle de toute beauté, surtout en fin de journée.

SENTIER DU BOIS DE PINS

Hameau de Brighton
Départ du camping Le Bois de Pins
Ouvert toute l'année. Plusieurs circuits. Gratuit.

Aller en baie de Somme, c'est bien sûr profiter de la mer, mais il y a aussi les chemins à aller explorer dans les terres. Et le Bois de Pins est là pour vous. Plusieurs sentiers y ont été aménagés pour permettre de découvrir à pied ou à vélo les magnifiques pins qui s'y trouvent, ou encore la faune sauvage locale. Les arbres ont été plantés et le bois aménagé dans les années 1950 afin de fixer le sable. Également nommé le Bois de Brighton, il est aujourd'hui un havre de paix et l'endroit parfait pour se promener en famille avant de retrouver la mer et ses autres plaisirs.

S'AMUSER - SORTIR

A BICYCLETTE

704, boulevard du Général Sizaire
✆ 06 29 30 15 45
eric.parcineau@gmail.com
Ouvert tous les jours de 9h30 à 19h.

Quoi de mieux pour s'imprégner des beautés de la baie de Somme que de la parcourir à bicyclette ? C'est justement le nom de cette entreprise qui vous permet de louer des vélos à destination de toute la famille, ainsi que des remorques pouvant accueillir jusqu'à deux enfants et des sièges-bébé pour vous balader tranquillement avec les plus petits. Le matériel nécessaire à la sécurité est également proposé avec casques, paniers pour déposer vos affaires personnelles et antivols. À Bicyclette met aussi du matériel à disposition directement à domicile.

CASINO

800, boulevard du Général-Sizaire
✆ 03 22 26 71 56
www.casino-cayeux.fr
casino.cayeux@wanadoo.fr
Ouvert du lundi au jeudi de 11h à 1h ; le vendredi et le dimanche de 11h à 2h ; le samedi de 11h à 3h. Veille de jour férié : fermeture à 3h. Restauration (menus de 19,90 à 26,90 €). Soirées dansantes.

L'unique casino avec vue sur la baie de Somme : 50 machines à sous très attractives et de dernière génération feront votre bonheur dans ce décor gréco-romain pour le moins insolite. Vous aurez le choix pour vous distraire : entre les machines à sous, le black jack, le coin jeu pour les enfants, le salon TV qui diffuse les matchs incontournables sur grand écran, et un restaurant où déguster de bons crustacés avec une grande terrasse dominant la mer. Le pub pourra vous accueillir lors de soirées dansantes organisées le vendredi et le samedi l'été et uniquement le samedi l'hiver. L'établissement dispose également d'une salle de réception pouvant accueillir jusqu'à 100 personnes.

FORT-MAHON-PLAGE

★

Entre baie de Somme et baie d'Authie, l'immense plage de Fort-Mahon s'allonge dans le cadre d'une nature exceptionnellement préservée et offre un espace splendide où règnent paix et tranquillité. Les enfants s'en donneront à cœur joie entre les baignades, les glissades sur les dunes, les promenades à pied, en rosalie, à cheval ou en VTT ! Sans surprise, cette cité balnéaire est très fréquentée l'été (jusqu'à 50 000 personnes les gros week-ends d'affluence !), alors prenez votre mal en patience dans les bouchons ou la file d'attente devant les restaurants ! Attention, une tenue correcte est exigée dès que vous quittez la plage...

■ OFFICE DE TOURISME

555, avenue de la Plage
Place Claude-Baillet ✆ 03 22 23 36 00
www.fort-mahon-plage-tourisme.com
contact@fortmahon-tourisme.com

Qualité Tourisme. Basse saison : ouvert du mardi au dimanche de 10h à 17h. En avril, mai, juin, septembre et octobre tous les jours de 10h à 17h. En juillet-août tous les jours de 10h à 18h30. Boutique. Expositions temporaires. Label Tourisme & Handicap.

Dans des locaux un peu retirés du centre-ville, l'office de tourisme propose une documentation bien fournie sur Fort-Mahon et plus largement sur la baie de Somme et la baie d'Authie. Vous pourrez aussi y réserver vos balades pédestres pour tout niveau (de 2h à 5h) pour mieux découvrir le patrimoine naturel environnant. Est adjointe une boutique bien achalandée avec des peluches (des phoques bien sûr !), des porte-clefs, des produits du terroir (jus de fruits, bières, conserves...) et même des moutons des pré salés. Il y a également un coin enfant, une connexion wifi, les horaires de ciné ou de bus, ainsi que des expositions régulières. Nouveauté 2020 : un guide du « Toutourisme » qui répertorie les lieux les plus accueillants pour vos animaux de compagnie !

■ BALADES GUIDÉES

555, avenue de la Plage
✆ 03 22 23 36 00
www.fort-mahon-plage-tourisme.com
contact@fortmahon-tourisme.com

Ouvert toute l'année. Balades de 1h30 à 3h. Gratuit jusqu'à 6 ans. Tarifs variant selon les balades (à partir de 8 € pour les adultes et à partir de 4 € pour les enfants de 6 à 12 ans).

Plusieurs balades au programme. Partez tout d'abord à la découverte de la baie d'Authie pour vous promener sur 3 km entre la baie, les mollières, l'estran et le massif dunaire. Vous pourrez aussi découvrir les produits du terroir de la baie (oreilles de cochon, salicornes, argousiers...) avec une dégustation pour bien finir la balade. Les blockhaus, édifiés le long du littoral picard entre 1941 et 1944, n'auront plus de secrets pour vous. Tout comme les phoques, ces mascottes de la baie. Enfin, les enfants pourront partir à la pêche à pied (8 € et accompagnant adulte gratuit) pour une balade d'une heure et demie ou randonner à dos d'âne.

A VOIR – A FAIRE

ARBRE DE JERICHO ET MONUMENT INTERREGIONAL DE LA RESISTANCE

659, rue de Quend

Situé dans une propriété privée, il est seulement visible les jours de cérémonies ou en visite guidée.

L'arbre de Jéricho est un saule qui se distingue par son étrange apparence en forme de coupe, d'où émergent huit troncs équilibrés, résultat d'une destruction par les troupes allemandes lors de la Seconde Guerre mondiale. Devant l'arbre se tient le monument interrégional de la Résistance pour la Normandie et la Picardie : la statue de bronze représente un personnage étiré d'un linceul s'élevant les bras tendus en forme de V, symbole d'immortalité.

LA DUNE DE L'AUTHIE

Cette baie ressemble à s'y méprendre à la baie de Somme. L'Authie rejoint rapidement la mer après avoir flâné et serpenté pendant 80 km. Autant de sable, identiques mollières (zone de chasse à la hutte qui se pratique la nuit) à la typique végétation, le site est plus petit mais n'a rien à envier à la baie de Somme hormis ses cordons de galets. Trop méconnu, un sentier de découverte et d'initiation est tracé à cet effet près de Fort-Mahon afin de sensibiliser les promeneurs. Les dunes et les pannes constituent des milieux naturels mais fragiles. Le parcours jalonné de panneaux pédagogiques, commence par une lande d'arbustes épineux, de troènes et de saules.

Selon les saisons, les couleurs de la végétation varient, faisant également le régal des oiseaux. A proximité d'un chalet, sur la mare voisine entourée de végétation caractéristique des lieux, un observatoire permet d'apercevoir quand on a de la chance un oiseau migrateur faisant une halte entre les pays nordiques et l'Afrique. De fréquents débroussaillements maintiennent les pannes en leur état humide, favorisant la reproduction entre autres du crapaud calamite.

Depuis la baie, après trente minutes de marche par le sentier des Pêcheurs, on peut également rejoindre la plage où l'on découvre les dunes en cours de formation du « poulier de l'Authie ».

LES DUNES

Plage

Ne passez pas à côté des dunes, si vous êtes de passage à Fort-Mahon, car elles constituent un paysage magnifique et unique. Il s'agit de l'une des plus belles balades à faire dans les environs. Leur fixation date du début du XVIIe siècle et avait pour objectif d'éviter le mouvement du sable vers les zones habitées. Vous y découvrirez une végétation dense, qui permet de fixer le sable. Des sentiers ont été aménagés, qui permettent de découvrir l'endroit en toute quiétude. Dépaysement garanti !

MONUMENT AUX MORTS

Place des Sapins

Carrefour du rond-point

En 1923, Fort-Mahon devient indépendante et elle décide le 22 février 1930 avec l'association des Anciens Combattants de créer un monument en mémoire des enfants de la commune morts pendant la Première Guerre mondiale. Sur le bas-relief de l'édifice, on distingue les combattants sur le champ de bataille, l'exode des civils ainsi que les

© ALONBOU – STOCK.ADOBE.COM

Dunes de Fort-Mahon-Plage.

femmes qui portent dans leurs paniers tout le nécessaire à la fortification de la ville. Un endroit pour se recueillir et plonger dans l'histoire.

MONUMENT DES CADETS DE LA FRANCE LIBRE

Extrémité de la digue sud
Adossé à un blockhaus allemand
Ouvert toute l'année.

Cette pierre levée en granit est tournée en direction de l'Angleterre. Elle commémore l'exploit de Reynold Lefebvre, Christian et Guy Richard, Jean-Paul et Pierre Lavoix, cinq Fort-Mahonnais qui rallièrent le Royaume-Uni en septembre 1941 à bord de deux canoës, répondant ainsi à l'appel du général de Gaulle et échappant à la surveillance des Allemands. S'ils arrivèrent à bout de forces, ils furent cependant perçus comme des héros par le général de Gaulle et Winston Churchill, deux grandes figures de la Seconde Guerre mondiale. Après être entrés à l'école des Cadets de la France libre, ils participèrent aux combats aux côtés des Alliés jusqu'à la Libération. Reynold Lefebvre fut tué en janvier 1945 dans les rangs de la 1re DFL.

PLAGE DE FORT-MAHON

Mise à disposition gratuite d'une aide à la promenade en bord de mer et à la baignade pour les personnes à mobilité réduite. Se renseigner au poste de secours (03 22 23 41 46). Accueil enfants (en saison). Animations.

La plage est sans nul doute l'atout majeur de la commune. Avec son immensité, elle séduit tous les publics : les enfants amateurs de cerf-volant, de sports nautiques, de char à voile, de baignades, ou les adultes en mal de farniente, les photographes spécialisés dans les couchers de soleil... Personne ne lui résiste ! Elle est également un terrain idéal pour les joggeurs ou les adeptes de longues promenades à pied ou à cheval, avec l'horizon à perte de vue.

SE RESTAURER

L'ALCYONE

1144, avenue de la Plage
✆ 03 22 27 47 88
Ouvert tous les jours le midi ; du vendredi au dimanche le soir. Carte : 25 € environ. Menu enfant : 9,90 € (pour les moins de 12 ans). Pizzas à emporter de 8,90 à 13,50 €. Terrasse. Vente à emporter.
Une petite brasserie bien généreuse où vous pourrez déguster entre amis une large sélection de plats, d'ici ou d'ailleurs. A la carte en autres : les poutines, les welshs, les ficelles picardes, les traditionnelles moules (marinières ou déclinées au maroilles, à la crème d'ail ou au roquefort) en passant par les savoureuses pizzas (que vous pouvez également emporter), ou les poissons (choucroutes de la mer, marmite de la baie, etc.), les viandes (andouillette grillée, ribs de porc ou encore steak tartare) et les burgers. S'il vous reste de la place, craquez sans hésitation pour la profiterole géante ! La terrasse est très appréciable aux beaux jours.

AUBERGE DE LA LOUVIÈRE

27, rue Robinson
✆ 03 22 27 71 53
louviere.fortmahon@gmail.com
Basse saison : ouvert du jeudi au lundi le midi et le soir. Haute saison : du mardi au dimanche le midi et le soir. Menus de 25 € à 30 €. Menu enfant : 10 €. Formule du midi : 20 € (trois plats, seulement en semaine). Chèque Vacances, Chèque Restaurant. Chaises bébé. Terrasse.
Voilà à peine un an que Vianney Macquart et sa compagne Henn ont repris cette charmante auberge à découvrir au milieu de la verdure à Fort-Mahon. Le jeune chef a l'ambition d'offrir une cuisine de terroir authentique et de saison, avec une carte renouvelée tous les mois. On vous recommande notamment le foie gras maison, la flamiche au maroilles, la soupe de crabe au safran, ou encore les succulents desserts comme la charlotte au chocolat vénézuélien, la crêpe Suzette ou l'incontournable crème brûlée revisitée.

LES DÉLICES

1318, avenue de la Plage
✆ 03 22 23 40 23
www.les-delices.fr
auxdelicesfortmahon@orange.fr
♿
Ouvert toute l'année. Tous les jours le midi et le soir. Réservation recommandée. Menus de 19,90 € à 27,10 € (trois plats). Menu enfant : 9,90 € (jusqu'à 10 ans). Vin au verre. Accueil des groupes (jusqu'à 30 personnes). Chaises bébé. Terrasse. Vente à emporter.
Un personnel accueillant et aux petits soins pendant tout le repas, que vous savourerez à seulement 200 m de la mer ! La carte est alléchante, car simple, gourmande et peu onéreuse. S'y croisent la quiche au maroilles, le potjevleesch et la carbonnade. A côté de ces classiques, on trouve des moules

Ces établissements sont les coups de cœur du Petit Futé !

de bouchot, des salades, des burgers et un fameux tartare au saumon. S'il vous reste encore un peu de place après un de ces plats copieux, laissez-vous tenter par un dessert maison : mousse au chocolat, crème caramel, profiteroles... L'après-midi, l'établissement reste ouvert pour des crêpes sucrées et des gaufres gourmandes.

LE HOMARD GOURMAND/ HÔTEL LA TERRASSE

1461, avenue de la Plage
✆ 03 22 23 37 77
www.hotellaterrasse.com
info@hotellaterrasse.com
Ouvert tous les jours le midi et le soir. Menus de 15,90 € à 31,90 €. Menu enfant : 7,90 €. Menu Homard gourmand avec bouteille de champagne 59,95 € par personne. Terrasse.

En entrant dans le restaurant, on est tout de suite conquis par la superbe vue panoramique sur la mer avec une terrasse couverte chauffée si besoin. Un très bon point qui met déjà dans de très bonnes conditions. La cuisine du chef, Jackie Masse, fait·durer le plaisir. Les produits frais sont préparés avec soin et l'on apprécie la carte changeante au gré des saisons. L'établissement est séparé en deux, pour satisfaire tous les désirs et tous les budgets : d'un côté, la Brasserie La Terrasse qui propose des plats plus simples mais toujours goûteux, avec chaque jour une suggestion de poisson, de viande et un buffet d'entrées offert pour chaque plat commandé. De l'autre côté, le restaurant Le Homard Gourmand propose des plats plus raffinés faits à base de produits de la région, comme le maquereau entier cuit dans sa marinage, le blanc de volaille au maroilles ou encore l'assiette de fruits de mer.

LA HUTTERIE

466, avenue de la Plage
✆ 03 22 27 71 06
Ouvert toute l'année. Du jeudi au lundi le midi et le soir. Menus de 22 € à 45 €. Menu enfant : 9,20 € (pour les moins de 10 ans). Vin au verre. Accord des mets-vins 11 € les 2 verres par personne. Terrasse. Vente à emporter.

On y trouve une cuisine fine qui se réapproprie des plats du terroir local, comme le pain perdu au maroilles, les rillettes de canard maison, ou les escargots en brioche au beurre. Vous pourrez aussi choisir des plats d'ailleurs comme la morue à l'aïoli, petits légumes vapeur ou le filet de saint-pierre pamplemousse-carottes, ou des plats bon marché comme des welshs. Le service ponctue tout cela avec des sourires et des attentions, pour la pleine satisfaction du client. Ce restaurant a l'inconvénient d'être loin de la plage, mais on peut aussi considérer que c'est un avantage pour éviter la foule et bénéficier d'un peu de calme. Ne vous attendez pas pour autant à être seul et à avoir un service rapide, la réputation de l'établissement et le soin dans la préparation maison conduisent à un peu d'attente, mais quand c'est gage de qualité, on le pardonne vite.

L'HIPPOCAMPE

1333, avenue de la Plage
✆ 03 22 27 70 95
Ouvert tous les jours de 11h30 à 15h et de 18h30 à 22h. Réservation recommandée. Menus de 23,80 € à 36,80 €. Menu enfant : 9 € (jusqu'à 10 ans). Formule du midi : 17,30 € (entrée plat et dessert). Terrasse. Plateaux de fruits de mer à emporter : plateau du pêcheur 33 € par personne et plateau hippocampe 48 € par personne.

Cette adresse a les avantages et inconvénients du restaurant de plage. En plein été, le service semble trop souvent dépassé mais, hors saison, l'ambiance familiale reprend ses droits et l'on a alors tout loisir de déguster des plats généreux. Le patron, Thierry Vergne, insiste : ici, on ne cuisine que du frais. Et ça se sent. La carte évolue au fil des saisons : les moules marinières, le filet de poisson au beurre blanc, le cabillaud, la sole et bien d'autres produits de la mer proviennent des poissonneries du coin. Les classiques de la gastronomie française sont même parfois remaniés. Une cuisine de qualité !

LA MOUETTE

1176, avenue de la Plage
✆ 03 22 27 70 53
www.fahrenheits-lamouette.fr

Fermeture de fin novembre à début décembre. Ouvert du mercredi au lundi et les jours fériés le midi et le soir. Menus de 22,50 € à 37,50 €. Menu enfant : 7,90 € (pour les moins de 12 ans). Plat du jour : 13,90 €. Moules à partir de 10,90 € ; assiette de la mer 23,50 € ; plateau de fruits de mer 37 €. Chèques non acceptés. Chèque Vacances, Chèque Restaurant. Terrasse. Vente à emporter.

Ici, bien évidemment, le poisson est mis à l'honneur. Vous pourrez donc vous régaler avec les incontournables moules de bouchot et selon la saison les Saint-Jacques, les plateaux de fruits de mer ou encore avec un filet de sébaste, un pot de saumon confit... La cuisine régionale est également mise à l'honneur avec la ficelle picarde par exemple. Que les amateurs de viande se rassurent : quelques plats sauront vous satisfaire, comme le filet de bœuf avec sa tranche de maroilles fondante. Le service est chaleureux, le cadre sympathique, et une terrasse ensoleillée vous attend, à seulement 200 mètres de la mer.

LE PASSE-PIERRE

868, avenue de la Plage
✆ 03 22 19 26 50
www.casino-fort-mahon-plage.fr

Basse saison : ouvert du jeudi au lundi le midi et le soir. Haute saison : tous les jours le midi et le soir. Menu enfant : 8 € (pour les moins de 10 ans). Vin au verre. Plats de 14 à 24 €. Formules avec la carte du Casino, possibilité de régler avec les points cumulés en salle de jeux. Coin Enfants. Parking gratuit pour les clients du restaurant. Bar.

Le restaurant se situe dans le bâtiment du casino et fait même partie intégrante de l'établissement. L'adresse propose des plats goûteux et des valeurs sûres : escalope du Ch'ti, choucroute de la mer ou *fish and chips* avec frites fraîches. Bien évidemment, les moules ont aussi une place de choix. Une jolie carte des vins vous sera proposée pour accompagner votre repas. De quoi vous assurer une pause agréable avant d'aller à la plage ou entre deux jeux.

SPORTS / LOISIRS / ACTIVITÉS

AQUACLUB DE BELLE DUNE

Promenade du Marquenterre
✆ 03 22 23 73 00
www.aquaclubbelledune.fr

Fermé de septembre à décembre. Basse saison : ouvert du vendredi au mercredi de 14h à 19h. Haute saison : tous les jours et les jours fériés de 11h à 19h. Haute saison : de mi-juin à fin août. Entrée : 11 € (14 € en haute saison). Enfant : 8,50 € (10,50 € en haute saison). Gratuit jusque 3 ans. Sauna/Hammam : 6,50 €. Restauration. Boutique.

Lassé de la plage et de l'air iodé ? Venez vous amuser au cœur du village de Belle Dune. Les enfant seront ravis, l'Aquaclub a bien pensé à eux, avec une piscine à vagues avec une eau à 29 °C, un toboggan, des cascades, des jets d'eau... Pour les parents, l'établissement propose des bains à remous, un solarium et un espace détente comprenant un sauna, un hammam et des soins. L'été, vous pourrez également profiter de l'espace en plein air, situé au milieu des dunes avec des bassins de nage, des toboggans et un espace de jeux de construction et une pataugeoire pour les plus petits. Sur place, vous trouverez aussi un restaurant ouvert toute la journée et une boutique (maillots de bain, jeux pour enfants, produits solaires). Pour les plus sportifs, vous pourrez aussi vous essayer à l'aquafitness, aux cours de natation et à l'aquabike. L'établissement propose également un « rafting indoor » : un parcours aménagé et ludique dans les remous de la piscine à vagues à parcourir en bateau et/ou en canoë.

■ EOLIA

Boulevard Maritime-Nord
Base nautique
© 03 22 23 42 60
www.eolia.info
contact@eolia.info

Ouvert toute l'année. Tous les jours et les jours fériés de 10h à 12h et de 15h à 17h. 3h de char à voile : 50 € pour les adultes et 35 € les 2h pour les enfants. Location de vélos à partir de 11 € la demi-journée. Chèque Vacances. Offres pour les particuliers, professionnels, scolaires et groupes sur le site Internet.

Vous ne pouvez pas quitter Fort-Mahon-Plage sans avoir testé le char à voile sur ces grandes étendues de sable. Vous serez ici en confiance : Eolia Picardie est la première école de char à voile créée en France en 1985. Vous pourrez profiter d'une randonnée grisante en char à voile sur plus de 25 km de plage. En plus du char à voile, vous pourrez tester le kayak de mer, le surf ou simplement louer des vélos pour une balade en bord de mer. Les activités durent entre 2 et 3 heures : de quoi en prendre plein les yeux ! Pensez à vous équiper de façon adéquate (vêtements chauds, bottes ou vieilles baskets, gants et lunettes).

■ ESPACE ÉQUESTRE HENSON

1832, rue de l'Authie
© 03 22 28 71 32
www.henson.fr
etrier@henson.fr

Ouvert toute l'année. Tous les jours. Randonnée découverte 46 € (3h), adaptée aux enfants à partir d'1m30 et aux débutants. Tours de poney : 10,50 € (30 min) et 15 € (1h). Chèque Vacances. Bottes et casques fournis.

Le cheval Henson est né dans la région du Marquenterre. Son tonus, son calme, sa rusticité, son assurance en milieu naturel et sa polyvalence en font le parfait partenaire pour une balade magique en harmonie avec la nature. Une autre belle façon de découvrir la région. Que vous soyez cavalier confirmé ou simple débutant, vous chevaucherez en compagnie d'un guide, à la découverte de la baie d'Authie. Vous pourrez ainsi vous promener tranquillement dans les dunes ou galoper sur les larges bancs de sable de la baie.

Si vous vous sentez une âme d'aventurier, vous pouvez même choisir une des randonnées qui s'étendent sur plusieurs jours et bivouaquer en bord de mer. Une vraie expérience ! Les plus petits ne seront pas en reste et pourront chevaucher des poneys. L'espace équestre propose aussi un manège couvert, des cours d'équitation, 36 boxes à louer et des cours d'initiation pour ceux qui désirent apprendre et améliorer leur technique.

Autres adresses : 34, chemin des Garennes à Saint-Quentin-en-Tourmont ✆ 03 22 25 68 64 • Chemin de Saint-Jean à Rue ✆ 03 22 28 95 47.

GOLF DE BELLE DUNE

Promenade du Marquenterre
✆ 03 22 23 45 50
www.golfdebelledune.fr
golf.belledune@baiedesomme.fr
Ouvert toute l'année. Basse saison : en janvier, février, mars, novembre et décembre. Haute saison : d'avril à octobre. Wifi. Parking gratuit. En semaine : de 30 à 65 € et le week-end de 37 à 139 €. Abonnement à l'année. Restauration. Boutique. A partir de 8 ans.
Situé au cœur du plus bel ensemble dunaire de l'Europe du Nord, le golf de Belle Dune est aujourd'hui classé parmi les 10 meilleurs golfs français. Vous pourrez ainsi profiter d'un parcours de 18 trous sur environ 30 hectares. Le jeu en milieu dunaire requiert une certaine technique. Mais que vous souhaitiez vous initier ou bien vous perfectionner, il est possible de réserver des cours particuliers avec des professeurs toujours à l'écoute.
Après votre partie, vous pourrez vous désaltérer ou vous restaurer au Restaurant du Golf qui bénéficie d'une terrasse au bord du lac. Un endroit paisible et verdoyant pour les amateurs de la petite balle blanche.

S'AMUSER - SORTIR

CASINO VIKINGS FORT MAHON PLAGE

868, avenue de la Plage
✆ 03 22 19 26 50
Ouvert toute l'année. Machines à sous et roulette anglaise électronique du lundi au jeudi de 10h à 1h, vendredi et dimanche de 10h à 2h et le samedi de 10h à 3h ! Attention en été les horaires changent : consulter le site internet. Le Black Jack du lundi au jeudi de 19h30 à 00h30, le vendredi et dimanche de 19h30 à 1h et le samedi de 20h45 à 2h. Parking gratuit pour les clients du restaurant. Restaurant ouvert tous les jours de juin à septembre. Fermé mardi et mercredi de octobre à mai. Salle de spectacle. Dîners de fêtes.
75 machines à sous, 6 postes de roulettes anglaises électroniques et 2 tables de Black-jack vous attentent pour vivre des moments intenses dans cet établissement qui séduit grâce à son architecture mêlant la tradition et la modernité, pour les personnes de plus de 18 ans bien sûr. Vous pourrez prolonger votre visite au restaurant du casino. L'établissement propose également des animations, des jeux, des concours, des concerts et des karaokés dans une ambiance des plus chaleureuses. Alors, venez tenter votre chance !

GRAND-LAVIERS

Grand-Laviers est un village limitrophe d'Abbeville qui fait partie du parc naturel régional Baie de Somme–Picardie maritime et qui accueille une zone ornithologique de 40 hectares. Une aubaine pour profiter de superbes balades et d'observatoires, un spot naturel de choix.

■ RÉSERVE ORNITHOLOGIQUE

2, rue du Touvent
✆ 06 08 16 50 86
www.reserve-grand-laviers.fr
entreterreetmerensomme@outlook.fr

Ouvert toute l'année. Basse saison : tous les jours de 10h à 17h. Haute saison : tous les jours de 10h à 19h. Gratuit jusqu'à 7 ans. Adulte : 8 €. Enfant (de 8 à 16 ans) : 4 €. Visite guidée (sur réservation avec l'association Terre et Mer en Somme). Animaux autorisés tenus en laisse.

Reconvertir une quarantaine d'hectares de friches et de bassins, hérités de l'ancienne sucrerie de Grand-Laviers, en véritable cocon pour les oiseaux migrateurs fut le pari de la Fédération départementale des chasseurs de la Somme. Le rêve est devenu réalité et la réserve abrite aujourd'hui une multitude d'espèces que vous avez l'occasion de découvrir lors de différents parcours, libres ou guidés. Ce paradis ornithologique est devenu un incontournable pour les amateurs de grand air et de nature. Le grèbe à cou noir en a fait un de ses lieux de villégiatures favoris : avec une quarantaine de nids recensés, la réserve est devenue l'une des colonies les plus importantes d'Europe.

Grèbe à cou noir.

LE CROTOY

★★

Le Crotoy a ses inconditionnels grâce à ses atouts uniques dans la région : des plages exposées plein sud, des lumières, des paysages changeant au gré des marées de la baie, des produits de la mer réputés et quelques coquettes maisons. Érigé sur un banc de sable, Le Crotoy est un port héritier d'une longue tradition de pêche. Il était, au XVIIe siècle, l'un des ports les plus importants de la Manche. Aujourd'hui, l'ensablement de la baie a contraint les bateaux de pêche à quitter les lieux pour aller s'amarrer au Tréport. Les maisons de pêcheurs se mêlent aux demeures de vacances de visiteurs venus profiter d'un village authentique. Le Crotoy connut son heure de gloire au XXe siècle avec le parfumeur Guerlain, qui attira sur les bords de la baie de Somme le Tout-Paris mondain.

OFFICE DE TOURISME

1, rue Carnot
✆ 03 22 27 05 25
www.terresetmerveilles-baiede-somme.com

Juillet-août : du lundi au samedi de 9h30 à 13h et de 14h à 19h. Dimanche et jours fériés de 10h à 13h et de 14h à 18h. Moyenne saison (mars à juin, septembre et octobre) du lundi au samedi de 9h30 à 12h30 et de 14h à 18h. Dimanche et jours fériés de 10h à 12h30 et 14h à 17h30. Basse saison (novembre à février) lundi, mercredi et jeudi de 9h30 à 12h et 14h à 17h, vendredi samedi de 9h30 à 12h30 et 14h à 18h. Dimanche et jours fériés de 10h à 12h30. Fermeture le dimanche après midi après le 11 Novembre. Ouvert le mardi pendant les vacances scolaires toutes zones. La baignade est interdite sur tout l'estuaire de la baie de Somme. Label Tourisme & Handicap.

L'office de tourisme est situé un peu à l'écart, en direction de la plage. On y trouve un accueil chaleureux, de bons conseils et toute la documentation pratique pour découvrir la station balnéaire infos en mains. Ainsi, vous aurez les renseignements pour trouver la maison où Jules Verne séjournait (une plaque discrète y est apposée), les chemins de randonnées, l'histoire de la célèbre estivante Colette, les informations pour le chemin de fer de la baie de Somme, mais aussi des conseils de sécurité pour visiter la baie dans les meilleures conditions possibles. Vous y trouvez aussi de bons contacts pour découvrir l'une des plus belles baies du monde en visites accompagnées, que ce soit en calèche, en bateau ou à pied.

A VOIR – A FAIRE

MARAIS DU CROTOY

RD 4 en direction de Saint-Firmin

Après la plage, en remontant vers le nord, on peut prendre le temps de s'arrêter sur le territoire que l'on appelle ici « la petite Camargue du Nord ». Il s'agit des marais du Crotoy, qui regorgent d'espèces animales et

Le Crotoy et sa plage.

végétales en tout genre. Les marais abritent une multitude d'oiseaux migrateurs et on peut aussi y apercevoir des chevaux Henson. Cet espace où vous vous sentirez en étroite communion avec la nature est à découvrir via une piste cyclable ou un parcours de randonnée balisé.

PLAGE DU CROTOY ★

Digue Jules-Noiret

L'un des bonheurs du Crotoy est de pouvoir profiter de grandes plages de sable fin (exposées plein sud) en centre-ville ! En revanche, il faut bien penser à consulter les horaires des marées pour savoir si vous aurez de la marche ou pas pour vous baigner et surtout profiter de la mer en toute sécurité... Aux beaux jours, des cabines de plage s'ouvrent sur la digue, donnant un air de fête et un charme certain à la station balnéaire. Enfin, avis aux riders, sachez que Le Crotoy est un spot reconnu pour la pratique de kitesurf, sport de prédilection dans la baie de Somme. Soyez cependant vigilant aux forts courants.

QUARTIER DE L'AVIATION

www.crotoybaiedesomme.com

contact@tourisme-crotoy.com

Un circuit cycliste sur les frères Caudron est disponible à l'office de tourisme (1,50 €).

Les frères Caudron, Gaston et René, ont marqué Le Crotoy. Nés dans la commune voisine de Favières en 1882 et 1884, ils commencent à se passionner pour l'aviation en 1908, alors que l'activité était seulement en train de se développer. Ils construisent un premier avion planeur, puis un autre à moteur. Prenant peu à peu de l'assurance, mais ne disposant pas d'assez de place dans leur ferme pour leurs expérimentations, ils bâtissent un grand hangar sur la plage du Crotoy. En 1910, ils créent une école de pilotage, qui formera plusieurs grands noms de l'aviation : Paul Doumer, Jules Vedrines ou encore Adrienne Bolland.

Elle devient, en 1913, une école de pilotes militaires, puis un aérodrome durant les deux guerres mondiales. Aujourd'hui, le quartier de l'aviation leur rend hommage, le nom de ces pionniers et de leurs élèves figure sur les plaques de rues et l'on imagine encore ces frêles machines s'élancer depuis la plage voisine.

RESIDENCE MILLEVOYE

Quai Léonard

Voici un édifice à aller voir absolument lors d'un passage dans la commune du Crotoy. Ce manoir fut construit en 1810 et fut le lieu de résidence du poète Charles Hubert Millevoye. Il est d'ailleurs occupé de nos jours par les descendants de l'artiste, connu pour des œuvres telles que *La Chute des feuilles* et *Le Poète mourant.* Il fut aussi l'un des premiers poètes à initier le romantisme. C'est sur le quai Léonard, entre la petite plage du centre-ville et le port du Crotoy, que vous pouvez contempler cette magnifique bâtisse qui, rappelons-le, fut édifiée sur les ruines du château.

RUE PIERRE-GUERLAIN

Rue Pierre-Guerlain

Natif d'Abbeville et amoureux du Crotoy et de la baie de Somme, le célèbre parfumeur Pierre Guerlain a beaucoup fait pour cette commune, en y amenant le tout-Paris dans la seconde moitié du XIXe siècle. C'est à cette époque que Le Crotoy devient une destination privilégiée pour les vacances. En 1860, il fait construire un hôtel, destiné à la venue de l'impératrice Eugénie qu'il parfumait, et qui finalement ne vint jamais. Après sa mort, l'hôtel est repris et agrandi par le cuisinier de renom Delant, qui le rebaptise le Grand Hôtel. C'est donc dans la charmante rue qui porte le nom du parfumeur que l'on trouve l'emblématique villa Le Souvenir, devenue aujourd'hui l'hôtel Les Tourelles, dont la chic façade rouge orangé interpelle le regard.

SQUARE JEANNE-D'ARC

Square Jeanne d'Arc

Jeanne d'Arc, prise à Compiègne, passa un mois dans la prison du château du

Le Crotoy.

Crotoy du 21 novembre au 20 décembre 1430. Elle fut autorisée à recevoir quelques gens de la cité, avant de quitter la commune à pied, jusqu'à Rouen, en passant par Saint-Valery-sur-Somme, Eu et Dieppe. Elle y fut condamnée à être brûlée vive. Le bronze qui lui est dédié, sur la place centrale à côté du port, a été inauguré en 1881. En 1943, l'œuvre a été retournée par l'occupant allemand, elle est depuis dirigée vers l'Angleterre (auparavant, elle regardait la baie).

VILLA LA SOLITUDE : MAISON DE JULES VERNE

9, rue Jules-Verne

Contrairement à celle d'Amiens, cette maison de Jules Verne ne se visite pas.

Station balnéaire de charme, Le Crotoy a attiré et inspiré de nombreux écrivains et artistes parmi lesquels Colette en 1907 avec *Les Vrilles de la vigne*, Toulouse-Lautrec, et Jules Verne. Dès 1865, il loue La Solitude, une maison bien différente des maisons de pêcheurs voisines et qui se trouve au n° 9 de la... rue Jules-Verne. Il vous faudra la contempler de l'extérieur, car elle n'est malheureusement pas ouverte au public. Une plaque indique cependant que « Jules Verne habita cette maison de 1865 à 1870 ». Anecdote dont les habitants du Crotoy sont fiers, c'est dans cette demeure que l'écrivain trouva son inspiration géniale pour l'écriture de son plus grand chef-d'œuvre : *Vingt mille Lieues sous les mers*.

SE RESTAURER

AUBERGE DE LA DUNE

1352, rue de la Dune

✆ 03 22 25 01 88

www.auberge-de-la-dune.com

contact@auberge-de-la-dune.com

Logis. Ouvert tous les jours et les jours fériés de 12h à 14h et de 19h à 21h. Réservation recommandée. Menus de 19,90 € à 39,90 €. Menu enfant : 12 €. Vin au verre. American Express, Chèque Vacances, Chèque Restaurant. Accueil des groupes (jusqu'à 120 personnes). Terrasse. Vente à emporter.

Ici, pas de cadre luxueux ni de décoration clinquante. L'auberge mise sur l'authenticité, dans un cadre rustique normand. Une fois installé sur l'une des deux terrasses très appréciables aux beaux jours, et dont l'une est couverte, vous pourrez déguster des spécialités locales très généreuses comme la ficelle picarde, la souris d'agneau au thym ou l'entrecôte grillée. Les spécialités de la mer de la baie de Somme sont bien sûr elles aussi mises en avant avec la sole, le turbotin, le saumon gravlax, les coquilles Saint-Jaques ou les moules de bouchot. Une adresse rustique à ne surtout pas bouder, y compris pour ses fromages régionaux et ses savoureux desserts.

AUBERGE DE LA MARINE

1, rue Florentin-Lefils

✆ 03 22 27 92 44

www.aubergedelamarine.com

contact@aubergedelamarine.com

Ouvert du jeudi au lundi de 12h15 à 14h et de 19h à 21h. Réservation impérative. Menus de 46 € à 74 €. Formule du midi : 36 € (une entrée, un plat et un dessert).

Si vous cherchez des moules-frites,

passez votre chemin. Ici, on vous propose de la cuisine raffinée et des plats élaborés, qui subliment le poisson frais et les produits locaux. Lucie et Pascal Lefèvre feront tout pour vous faire passer un bon moment dans cette belle demeure typique du Crotoy du début du XXe siècle. Vous y apprécierez une cuisine à base de produits de la mer comme le pavé de dos de cabillaud avec son écrasé de pommes de terre des sables, et les produits de la terre comme le cochon fumé cru au bois de sapin. Les végétariens ne seront pas en reste puisque la carte propose un plat végétal de qualité. Vous salivez déjà ? Attendez de voir la belle présentation de ces plats, un régal pour les yeux... Comme vous ne saurez que choisir, il y a un menu Baie de Somme avec six assiettes de dégustation (servi uniquement pour le dîner).

BELLEVUE

526, digue Jules-Noiret
✆ 03 22 27 86 42
www.bellevuelecrotoy.fr
bellevuelecrotoy@hotmail.fr

Fermé de décembre à janvier. Ouvert du vendredi au mardi. (en semaine). Menus : environ 35 €. Prix à la carte : autour de 20 €.

L'établissement a été refait récemment et les travaux ont permis d'apporter de la lumière et de l'espace grâce à la véranda. Il ne faut pas oublier non plus de mentionner la terrasse qui offre elle aussi un panorama de toute beauté. Le gros avantage de cet établissement est en effet sa localisation face à la mer : la vue sur la baie est imprenable, surtout au moment du coucher du soleil. Liz et Johann ont tout fait pour faire du Bellevue une adresse incontournable, de la décoration chaleureuse jusqu'à l'assiette. Et il y a de l'audace dans ces plats : les saveurs se conjuguent avec bonheur. L'assaisonnement des poissons est toujours juste. Bar, saumon, mulet, sole, c'est le sans-faute, tout comme le savoureux plateau de fruits de mer. Le service est aussi agréable que la dégustation.

LE BISTROT DE LA BAIE

5, porte du Pont
✆ 03 22 27 07 49
www.bistrotdelabaie.com
bistrotdelabaie@gmail.com
♿

Ouvert du mardi au dimanche le midi et le soir. Menus de 19,90 € à 29,50 €. Carte : 18 € environ. Menu enfant : 10,90 € (moins de 10 ans). Chèque Vacances, Chèque Restaurant. Terrasse.

Le Bistrot de la Baie se distingue des nombreux attrape-touristes de la côte et propose une cuisine de qualité et présentée d'une façon qui rappelle les plus grands restaurants gastronomiques. Ici, on mange des produits issus de la mer comme le « Bistrot burger » au saumon ou le « Retour de pêche snacké », cuisiné à partir de la pêche des producteurs locaux. Sans bien sûr oublier les incontournables moules-frites ! Il est également possible de déguster de belles pièces de viande comme l'agneau de pré-salé ou la pièce du boucher du moment. Le tout se passe dans un lieu à la décoration très cosy, où les chaleureuses planches de bois accueillent des peintures aux allures contemporaines. Gardez de la place pour les desserts, originaux et tout aussi savoureux.

LE CARRÉ GOURMAND

53, rue de la Porte-du-Pont
✆ 03 22 27 46 72
www.crotoybaiedesomme.com
Ouvert le lundi soir ; du jeudi au lundi le midi ; du jeudi au samedi le midi et le soir. Réservation recommandée. Menu enfant : 9 €. Formule : 29,50 € (entrée plat, fromage ou dessert).

Une ardoise qui varie régulièrement, avec des prix raisonnables et une approche autour du locavore qui est privilégiée. Parmi les spécialités, vous trouverez le fameux agneau de prés salés et les coquilles Saint-Jacques. Les plats sont préparés avec soin, avec des produits frais. Les assiettes sont colorées et présentées avec générosité. L'ambiance est calme, la décoration très soignée et le personnel attentif. De quoi passer un repas romantique et raffiné en toute intimité.

CHEZ MADO

6, quai Léonard
✆ 03 22 27 81 22
www.chezmado.com
Ouvert toute l'année. Tous les jours le midi et le soir. Réservation recommandée. Menus de 29 € à 98 €. Formule : 20 € (seulement en semaine). Chambre vue panoramique sur la Baie de Somme à 75 €. Petit Déjeuner : 8 €. Terrasse. Hébergement.

Cette adresse est une véritable institution du Crotoy, et elle doit son nom à l'ancienne propriétaire, Madeleine Poncelet dite Mado. Le restaurant, qui a ouvert pour la première fois en 1960, a servi de décor pour certains tournages avec ses salles aux couleurs réconfortantes et ses murs aux nombreux tableaux. Ce lieu est chargé d'histoire, car la disparition de Mado dans les années 1980 n'a pas eu raison du lieu, loin de là. Et c'est notamment grâce à Michou, fidèle au poste en salle, que le restaurant a survécu. Sans oublier le chef Wilfrid Urbaniak, toujours heureux de vous préparer quelques plats de choix, très raffinés, comme les plateaux de fruits de mer pêchés le matin même, la sole meunière, le homard royal ou encore le turbot poché sauce hollandaise. Les amateurs de viande ne sont pas en reste avec les tournedos et ou le canard au vinaigre de Jerez. A l'étage, la vue panoramique sur la baie est à couper le souffle.

LE COMMERCE

7-9, place Jeanne d'Arc
✆ 03 22 24 47 06
lecommerce80550@hotmail.fr
Basse saison : ouvert du mardi au dimanche de 11h à 23h. Menus de 18,90 € à 26,50 €. Menu enfant : 10 €. Terrasse.

Le restaurant Le Commerce rencontre un véritable succès. L'accueil y est très sympathique et professionnel. Les produits sont frais et les prix justes. Les plats de la mer sont bien sûr mis à l'honneur. Outre les classiques, mais néanmoins réussies, cocottes de moules, vous pourrez déguster les poissons du moment. Côté terre, plusieurs plats à l'Argousier, bière locale, sont proposés comme la terrine de lapin maison ou encore la carbonnade du Marquenterre. Mais la carte change au fil des saisons ! Il est également possible de partager de généreux plateaux de fruits de mer. Bref, un arrêt de choix avant de reprendre votre balade sur le bord de mer.

LE MASCARET

5, rue Carnot
✆ 03 22 27 19 66
www.lemascaret.e-monsite.com
Basse saison : ouvert du vendredi au mardi ; le mercredi midi. Haute saison : du vendredi au mercredi le midi et le soir. Menus de 23,50 € à 29,90 € (deux ou trois plats). Carte : 18 € environ. Chèques non acceptés. Chèque Restaurant.

La cuisine varie au gré des saisons et l'ardoise est remaniée toutes les trois semaines avec des plats à base de produits frais. Le concept ici est de vous proposer une cuisine qui suit les saisons, les arrivages des bateaux et également les envies du chef ! Vous y dégusterez des spécialités picardes et des produits de la baie. Nul doute que vous saurez craquer pour un dos de cabillaud sur lit d'asters maritimes et sa sauce aux agrumes, les seiches entre deux façons et le poulet de ferme rôti au miel et au romarin. Craquez aussi volontiers pour le dessert local : la pomme rabote (cuite au four avec une pâte brisée) ou bien encore la poire au vin et sa glace à la vanille.

LE MAYOCQ

Camping Le Ridin
Route de Mayocq
Lieu-dit Mayocq
✆ 09 82 34 57 59
anthony.renault169@orange.fr
♿
Ouvert tous les jours midi et soir du 1er avril au 30 septembre. Service non-stop en haute saison. Menus de 16,90 € à 43 €. Carte : 15 € environ. Menu enfant : 6,90 €. Formule : 19,90 € (menu picard). Formule petit déjeuner proposée pour 9 € sur réservation. Chaises bébé. Terrasse. Vente à emporter. Ouvert à tous.

Une adresse « à la bonne franquette » dont la cuisine vous ravira, le temps d'une escale entre deux visites. Vous pourrez déguster ici des plats à base de poissons, comme les traditionnelles moules ou le cabillaud. Pour ceux qui préfèrent la viande, jetez-vous sur l'escalope, le pavé de bœuf charolais, ou l'entrecôte. Les pizzas maison sont également bien appréciées. vous craquerez pour le foie gras ou la terrine de poisson maison. L'ambiance est très chaleureuse et le personnel sera aux petits soins pour un service au top, le tout à côté de la piscine du camping.

AU P'TIT MATELOT

12, rue Victor-Petit
✆ 03 22 27 07 06
auptitmatelot@orange.fr
Ouvert tous les jours. Fermé le dimanche soir et le lundi soir. Réservation recommandée. Menus de 20 € à 38 €. Menu enfant : 10 €.

Avec sa façade bleue et blanche, le restaurant sent bon l'air de la mer. La décoration intérieure est plutôt kitsch et offre un retour dans la salle à manger de nos grands-parents. L'adresse est spécialisée dans les compositions à base de poisson : filets de rouget et sa sauce safran, cabillaud ou bien encore bar au beurre blanc à l'orange. Et si le poisson fraîchement pêché dans la baie ne vous séduit pas, laissez-vous tenter par un jarret d'agneau confit ou les rognons de veau sauce madère. Si vous avez très faim, craquez sur les entrées, simples mais goûteuses, à l'image de la soupe de poissons et crustacés et de la salade de chèvre chaud.

■ **LE P'TIT RIDIN**
2, place Jeanne-d'Arc
✆ 03 22 27 86 84
sarl.leptitridin@orange.fr
Ouvert tous les jours le midi et le soir. Menus de 14,90 € à 20,90 €. Menu enfant : 7,90 €. Formule : 11,90 € (moules avec dessert). Terrasse.
Voilà une adresse parfaite pour ceux qui souhaitent se faire plaisir avec des moules-frites. Il en existe avec de multiples saveurs : marinière, curry, ch'ti, scabetch (piment, vinaigre, paprika, cumin, ail et huile d'olive), Tennessee, périgourdine, crème d'ail, Ridin et provençale... La cuisine est assez simple et ne cherche pas à impressionner la clientèle, juste à ce que celle-ci reparte en étant rassasiée et contente. Parmi les autres plats qui figurent sur la carte, des assiettes de cochonnailles, du potjevleesch ou bien encore le mijoté de saumonette à la dieppoise. Et si vous souhaitez faire dans le 100 % local, l'escalope de dinde à la ch'ti Ridin est conseillée. La décoration est rustique et attention à la proximité entre les clients pour ceux qui sont à la recherche d'un cadre plus intime.

■ **RESTAURANT DU PORT**
24, quai Courbet
✆ 03 22 27 04 17
www.restoduport-lecrotoy.com
restoduport@orange.fr
Fermé de début janvier à mi-février. Haute saison : ouvert du lundi au samedi le midi et le soir ; le dimanche midi. Fermé le lundi soir et le mardi hors période scolaire. Menus de 22,90 € à 55,90 € (deux ou trois plats). Menu enfant : 10,90 € (pour les moins de 10 ans). Chèque Vacances, Chèque Restaurant. Accueil des groupes. Chaises bébé. Terrasse.
L'établissement est une véritable institution au Crotoy, avec une vue imprenable sur la baie de Somme depuis la terrasse et la salle panoramique. Idéalement situé sur la très animée place Jeanne d'Arc, vous y passerez forcément un bon moment. On vous conseille de goûter aux moules de bouchot servies avec les frites maison, à la carbonnade de joue de bœuf à la bière du Marquenterre ou à la choucroute de la mer au riesling. Pour terminer, le restaurant propose notamment un duo de fromages picards ou une bonne mousse au chocolat.

■ **LES TOURELLES**
2-4, rue Pierre-Guerlain
✆ 03 22 27 16 33
www.lestourelles.com
info@lestourelles.com
Maître Restaurateur. Ouvert tous les jours de 12h à 14h et de 19h à 21h ; le vendredi et le samedi jusqu'à 22h. Bar ouvert toute la journée. Réservation recommandée. Menu unique à 31 €. Carte : 20 € environ. Menu enfant : 10 €. Terrasse.
Un établissement incontournable du Crotoy, autant connu pour son élégante façade, reconnaissable entre toutes, que pour sa cuisine. Les Tourelles sont idéalement situées, à la fois dans le village et juste à côté de la mer. Les plats sont quant à eux entièrement faits à base de produits locaux de saison et on se régale. Vous pourrez choisir les langoustines, l'assiette de fruits de mer ou le suprême de volaille sauce à la bière. En dessert, vous ne pouvez pas être déçu par le crumble de pommes locales.

EMPLETTES

BOULANGERIE AMIÉNOISE

16, rue Pasteur
✆ 03 22 23 49 28
Ouvert du vendredi au mercredi de 6h30 à 19h. Ouvert le dimanche.
Si cette boulangerie est un peu éloignée du centre-ville, elle vaut cependant le détour. Ici, tout est fait maison et rien qu'à voir les pâtisseries en vitrine, vous n'aurez pas du tout envie de passer à côté de cette adresse de qualité. Le patron, passionné et accueillant, saura répondre à toutes vos demandes. Pour faire dans l'originalité, il crée régulièrement des pâtisseries en lien avec l'actualité ou la région comme celles en forme de galets ou de phoques, baie de Somme oblige. Tartelettes, pâtisseries, gâteaux, tout est délicieux et apporte une agréable note sucrée à un séjour dans une région à la beauté exceptionnelle. Pour les occasions, il est également possible de réserver de plus gros gâteaux en y ajoutant des messages personnalisés.

POIVRE ET SUCRÉ

18, rue du Puits-Sucré
✆ 03 22 23 57 63
www.poivreetsucre.com
lievenspatte.isabelle@gmail.com
Ouvert du vendredi au dimanche de 10h à 13h et de 15h à 19h.
Isabelle Lievens sait comment faire plaisir à ses clients, avec sa bonne humeur et ses conseils avisés. En panne d'inspiration pour le dîner de ce soir ? Pas de problème, Isabelle vous montrera les produits adaptés à vos recettes rêvées : huile de homard et poivre de Penja pour relever vos risottos, sirop de curcuma et de gingembre pour faire caraméliser le poulet ou encore fève tonka à râper sur les coquilles Saint-Jacques pour leur donner un petit goût fruité. Et si vous souhaitez manger de

Front de mer au Crotoy.

bonnes choses sans trop vous fatiguer, passez du côté de la conserverie, il y a plein d'autres trésors à découvrir. Jetez également un œil à la vaisselle, la boutique propose une multitude d'objets pour égayer la cuisine. Les produits peuvent être commandés en ligne.

■ LES TROIS CONSERVERIES

9, rue de la Porte-du-Pont
www.les3conserveries.fr/crotoy
contact@conserverie-st-christophe.com

Haute saison : ouvert tous les jours de 10h à 13h et de 15h à 19h. Ouvert tous les jours en saison.

Ici, vous ne trouverez que des produits locaux, ou presque. Parmi les incontournables, la fameuse terrine de mouton de prés salés, le gâteau battu ou la surprenante terrine de moules. Cette petite épicerie située dans une charmante bâtisse en briques rouges travaille presque exclusivement avec des producteurs picards, sélectionnés pour leur savoir-faire et leur excellence. La boutique propose aussi deux bières issues de brasseries artisanales, des vins et des spiritueux. Si vous ne savez pas quoi choisir parmi cette large sélection de produits, également disponibles sous forme de compositions pour goûters et apéritifs, vous pouvez créer vous-même votre panier, avec des rillettes, des escargots, des macarons ou des confitures.

SPORTS / LOISIRS / ACTIVITÉS

■ EXCURSIONS EN CALÈCHE

20, rue Jean-Vadicocq
✆ 06 80 16 91 64
www.mabaiedesomme.fr
mabolou@gmail.com

Départ assuré à partir de 4 personnes réservées. Excursions : adulte de 25 à 50 € et enfant (de 3 à 10 ans) de 13 à 25 € selon les parcours.

Dans votre calèche tirée par quatre chevaux, vous aurez le choix entre trois circuits. Le premier vous emmène pendant 2 heures directement sur le sable de la plage, jusque dans la réserve avec une traversée de la Maye et un arrêt dans le parc ornithologique et les molières. Le deuxième vous fait suivre le delta de la Maye pendant 2h30 jusqu'à rejoindre la colonie de phoques pour une séance exceptionnelle d'observation. Enfin, le troisième parcours dure 4 heures, longe la mer et les parcs à moules, et prévoit un arrêt dans les molières avec des anecdotes locales racontées par l'incontournable Jacky, éleveur et dresseur de chevaux et surtout grand amoureux de la baie de Somme. Une manière originale de découvrir la côte picarde !

■ VOIES CYCLABLES

✆ 03 22 20 60 30
www.somme-nature.com

Si vous avez envie de vous dégourdir les jambes, vous pouvez partir librement le long des 160 km de voies cyclables autour de la Baie de Somme. Au Crotoy, passent les circuits du Héron et de l'Avocette et la piste faisant le tour de la baie jusqu'à la pointe du Hourdel (ce bel aller-retour fait 32 km si vous le faites intégralement, et en cas de fringale, vous pourrez mettre le vélo dans le train de la Baie de Somme).

FAVIÈRES

Favières se situe à 5 km de la Baie de Somme. La commune a vu naître les frères Caudron qui figurent parmi les pionniers de l'aviation.

LA CLÉ DES CHAMPS

13, rue des Frères-Caudron
✆ 03 22 27 88 00
www.restaurant-lacledeschamps.com
lacledeschamps80@gmail.com
♿

Ouvert du vendredi au mardi le midi et le soir. Réservation recommandée. Menus de 33 € à 53 € (entrée, plat, fromage et dessert). Menu enfant : 15 €. Formule du midi : 23 € (seulement en semaine). Vin au verre. Accueil des groupes (avec salon privatif).

C'est dans un ancien relais de poste au cœur de la baie de Somme, remis au goût du jour, que le chef Nicolas Chamoin et son épouse vous accueillent pour passer un délicieux moment. Dès les frimas de l'hiver, venez profiter du feu de cheminée avant de goûter aux plats savoureux concoctés par ce jeune chef qui adapte ses menus au fil de ses trouvailles au marché. La carte change selon les saisons mais toujours avec des produits des producteurs locaux !

HÔTEL RESTAURANT LES SAULES

1075, rue des Forges
✆ 03 22 27 04 20
hotel-les-saules.fr
contact@hotel-les-saules.com

Ouvert tous les jours le midi et le soir. Réservation recommandée. Menus de 25 € à 35 €. Menu enfant : 12 €.

Dans un cadre magnifique, avec vue sur le parc de l'établissement, le restaurant de l'hôtel vous accueille pour vous proposer une carte maîtrisée et raffinée. Vous aurez par exemple le choix entre un filet de carrelet et sa sauce à l'estragon et au citron confit ou un filet de canette laqué à la myrtille et sa galette de polenta et carotte. Les associations sont justes, parfois osées, mais toujours réussies. Les desserts revisitent les classiques à l'image de la tarte au citron meringuée déstructurée. Une adresse de choix.

MERS-LES-BAINS

Mers-les-Bains, charmante station balnéaire, est une étape incontournable pour tous ceux qui veulent découvrir la baie de Somme. On y apprécie particulièrement la bonhomie des Mersois, l'architecture des villas anciennes, les falaises de craie qui obligent à sortir l'appareil photo ou encore sa longue plage de sable et de galets (baignade surveillée de 11h à 19h en juillet et août). L'esplanade du Général Leclerc invite à la promenade sur près de 1 km le long de la mer, où prennent place des cabines blanches entre mai et octobre. La ville n'est pas seulement une station balnéaire, elle est aussi classée « Station Verte de Vacances » et propose à ce titre de nombreuses activités pour découvrir une flore et une faune exceptionnelles.

OFFICE DE TOURISME

3, avenue du 18-Juin-1940
✆ 02 35 86 05 69
www.destination-letreport-mers.fr
Du 01/01 au 30/03 et du 01/10 au 31/12 (hors vacances scolaires sauf Noël) : lundi et du jeudi au samedi de 10h à 12h et de 14h à 17h. Du 01/04 au 06/07 et le mois de septembre (hors vacances scolaires) : du lundi au samedi de 10h à 12h et de 14h à 17h. Pendant les vacances d'hiver, Pâques et Toussaint : du lundi au samedi de 10h à 12h et de 14h à 17h. Pendant les vacances d'été du lundi au samedi de 10h à 12h30 et de 14h à 18h. Le dimanche de 9h30 à 12h30 et de 14h à 17h. Boutique.

Un office de tourisme idéalement placé : en plein centre-ville, face à la place du marché et au mini-golf avec jeux pour enfants. Vous y trouverez toutes les informations nécessaires pour préparer et optimiser votre séjour en baie de Somme et plus particulièrement dans cette cité balnéaire pleine de charme. Une petite boutique attenante est à votre disposition et propose des verres, des livres, des sacs, des cartes postales, afin de ramener quelques souvenirs, ainsi qu'un coin pour les enfants, bien pratique pour poser vos questions tranquillement !

A VOIR – A FAIRE

ÉGLISE SAINT-MARTIN

Rue de l'Église ✆ 06 27 92 26 09
www.destination-letreport-mers.fr
info@destination-letreport-mers.fr
Ouvert toute l'année. Gratuit.

Cette église présente un étonnant style romano-byzantin, dans une harmonie de briques rouges et de pierres. A l'intérieur, on retrouve des coupoles dans la nef voûtée. Pour faire face à la croissance de la population, cet édifice fut bâti en 1928 sur l'emplacement de l'église du XVIe siècle. L'église réalisée par un architecte amiénois, Edmond Douillet, est aussi intéressante pour ses vitraux flamboyants et son retable du XVIIe siècle. L'église est aujourd'hui entretenue et valorisée par une association communale.

Le phare de Mers-les-Bains dans le soleil couchant.

STATUE NOTRE-DAME DE LA FALAISE

Falaise de Mers-les-Bains
www.destination-letreport-mers.fr
info@destination-letreport-mers.fr

Située sur la falaise au-dessus de la ville, tournée vers le large, la statue a été inaugurée le 18 août 1878 devant une assistance d'environ 8 000 personnes. Egalement appelée Notre-Dame des Flots, elle fut déplacée par les nazis car elle constituait pour l'aviation ennemie un point de repère précieux. En 1955, elle fut reposée sur son socle de sept mètres, posé sur un blockhaus allemand ! La statue a été restaurée en 2015. Elle est accessible depuis Mers-les-Bains par le sentier des douaniers. L'effondrement des falaises vous oblige à emprunter un chemin un peu plus long qu'avant, mais après une bonne vingtaine de minutes d'ascension et de petits obstacles, vous atteindrez la statue et surtout le point de vue voisin. Vous verrez d'un côté les falaises du Tréport et de l'autre celles menant à Ault.

VILLAS BELLE ÉPOQUE ★

Quartier balnéaire
✆ 02 35 86 05 69
www.destination-letreport-mers.fr
info@destination-letreport-mers.fr

Comptez 1h30 pour faire tout le circuit.

Une cinquantaine de villas colorées, élégantes, avec de beaux balcons, sont classées dans un secteur sauvegardé. C'est ce qui fait le charme de cette station balnéaire où se mélangent les influences flamandes, anglaises et Art nouveau. Ces belles bâtisses sont principalement nées dans la seconde moitié du XXe siècle, lors de l'explosion des bains suite à la réalisation du chemin de fer depuis Paris. En suivant le front de mer et le circuit disponible à l'office de tourisme ou en téléchargement, vous profiterez de toute l'élégance de la station balnéaire.

SE RESTAURER

LE BISTROT SAINT-ANDRÉ

30, esplanade du Général-Leclerc
✆ 02 35 83 24 73
♿

Fermé en janvier. Ouvert du mardi au dimanche de 10h à 15h et de 18h30 à 21h30. Réservation recommandée. Menu unique à 25,30 € (entrée, plat et dessert). Carte : 20 € environ. Menu enfant : 9,50 €. Plateau de fruits de mer 28,80 €. Chèques non acceptés. Terrasse.

Idéalement située sur le front de mer, la maison jouit d'une superbe vue. La jolie terrasse de soixante couverts est très souvent prisée et la dégustation avec le doux bruit des vagues est un moment privilégié, tant la cuisine du chef Marc Dubost est raffinée. Goûtez par exemple aux Saint-Jacques aux pleurotes, au délice de carrelet farci aux crevettes ou à la Tatin d'andouille. Les menus changent en fonction des saisons et des arrivages, ce qui est bien souvent un gage de qualité. Mais en dessert, le riz au lait au caramel au beurre salé maison et la brioche façon pain perdu restent des *must* ! Le bouche à oreille est redoutable : pensez donc à réserver !

Mers-les-Bains.

LE COMPTOIR DU MALT

Rue Pierre et Marie Curie
Parc d'Activités Les Grands Marais
✆ 02 35 40 22 22
www.lecomptoirdumalt.fr
contact@lecomptoirdumalt.fr

Ouvert toute l'année. Du dimanche au jeudi de 11h30 à 14h30 et de 18h30 à 22h30 ; le vendredi et le samedi de 11h30 à 14h30 et de 18h30 à 23h30. Réservation recommandée. Menus de 13,50 € à 16,90 € (deux plats avec une boisson). Menu enfant : 6,90 €. Plat du jour : 9,50 €. Wraps à partir de 10,50 € ; tartines à partir de 9,90 € ; gratins à partir de 9,90 € ; flammekueches à partir de 7,50 €. Accueil des groupes. Chaises bébé. Terrasse. Vente à emporter. Wifi gratuit.

Une enseigne régionale spécialisée dans la cuisine brassicole, populaire et locale, autour de la bière de tradition. Le cadre est convivial et les plats du terroir sont à l'honneur dans la carte : ficelle picarde, potjevleesch à la bière ambrée, carbonnade de bœuf français, coquelet rôti cuisiné façon grand-mère mais aussi un grand choix de moules-frites et de hamburgers. Rien de transcendant mais le rapport qualité-prix est correct. Notez ce bon plan pour les familles : le menu enfant est gratuit pour les moins de 10 ans les dimanches et mardis soir.

OCTOPUSSY

42, esplanade Général-Leclerc
✆ 02 35 50 87 47

Ouvert toute l'année. Tous les jours le midi et le soir. Menu unique à 19,50 € (entrée, plat et dessert). Menu enfant : 8 € (moins de 12 ans). Pizzas à partir de 8,50 €, choucroute de la mer 18,50 €, ficelle picarde 10,50 €, moules à partir de 13,50 €, salades 14 €. Chaises bébé. Terrasse. Vente à emporter.

Un adresse, face à la mer, où l'on mange à la bonne franquette des pizzas, des burgers, des ficelles picardes (simples ou doubles, selon les appétits !), des salades, des viandes, des pâtes, des plats du terroir ou des produits de la mer. Le camembert rôti est la spécialité de la maison et donc à goûter absolument ! Les desserts sont maison et très copieux. Le service est souriant, discret et très efficace, même lorsque la grande salle et la terrasse sont pleines. A noter qu'il est également possible d'emporter des pizzas.

SPORTS / LOISIRS / ACTIVITÉS

RANDONNÉE PÉDESTRE DU BOIS DE CISE

8 km aller-retour.

C'est une difficile mais merveilleuse randonnée entre terre, ciel et mer ! Depuis la coquette station mersoise, il vous faudra commencer par monter jusqu'à l'atypique et charmante église romano-byzantine. Un escalier y mène juste après vous être engagé dans la rue Jules Barni, qui débute au bout de la jetée. Vous continuez ensuite à monter vers la falaise. Malheureusement elle s'effondre et après le camping un nouveau tracé vous fait faire un détour pas très agréable avant d'atteindre la statue de Notre-Dame de la Falaise. La vue y est superbe et vous invite à aller plus loin. Les paysages verdoyants qui dominent la mer à environ 90 mètres de haut vous offriront une totale déconnexion. Attention toutefois, le sentier est étonnamment escarpé et difficilement praticable dès que le terrain est boueux. Vos efforts seront récompensés par l'arrivée au Bois de Cise. Les belles villas et l'ouverture entre deux falaises vous laisseront un souvenir extraordinaire.

S'AMUSER – SORTIR

LES EMBRUNS

42, esplanade du Général Leclerc
✆ 02 32 14 31 36

Ouvert toute l'année. Tous les jours de 10h à 22h. Chèques non acceptés. Chèque Vacances, Chèque Restaurant. Terrasse.

Un salon de thé qui propose des crêpes, des gaufres, des glaces en journée avec une crème chantilly, un coulis caramel au beurre salé et un chocolat, faits maison. Le soir, on vous propose des plats plus traditionnels comme une ficelle picarde, une galette aux Saint-Jacques sur fondue de poireau ou des crevettes sautées. A toute heure, vous pourrez déguster des huîtres accompagnées d'un verre de vin, avant de profiter de la mer juste en face.

Le Bois de Cise.

QUEND

Des dizaines de milliers de touristes viennent tous les ans à Quend-plage, de quoi dynamiser cette ville qui compte seulement 1 400 habitants en basse saison. L'immensité de ses plages de sable fin qui s'étendent sur 15 km fait de Quend une oasis de bien-être et un lieu de prédilection pour les amateurs de char à voile.

■ OFFICE DE TOURISME
1, place du 8-Mai-1945
✆ 03 22 23 32 04
www.office-tourisme-quend-plage.com
office.tourisme.quend-plage@wanadoo.fr
Accueil vélo. Basse saison : ouvert du mardi au samedi de 10h à 12h et de 14h à 17h ; le dimanche de 10h à 12h30 et de 14h à 18h. Haute saison : du lundi au vendredi de 10h à 12h30 et de 14h30 à 18h ; le week-end et les jours fériés de 10h à 12h30 et de 14h à 18h30.
L'équipe de l'office de tourisme met à disposition une mine d'informations pour faciliter votre séjour. Les cyclistes trouveront là un accueil privilégié avec un plan des itinéraires cyclables, la liste des loueurs et réparateurs de vélos les plus proches, la mise à disposition gratuite d'un kit de réparation, ainsi qu'un point d'eau.

A VOIR – A FAIRE

■ CHAPELLE NOTRE-DAME-DES-PINS
Place du 8 Mai 1945
Située juste en face de l'office de tourisme, allez admirer les vitraux de cette charmante chapelle inaugurée en 1914 ! Ils sont l'œuvre du peintre abbevillois Boubert et datent de 1952. Ils symbolisent le quotidien de la vie du village, sa culture et ses paysages composés de dunes et de pins.

■ ÉGLISE SAINT VAAST
Quend-Ville, à 5 km de la plage
L'église de Quend, restaurée au XVIIe siècle a conservé sa chapelle du XVe siècle et se distingue par son original clocher unique dans la région. Une imposante tour carrée en pierre blanche supporte une tourelle octogonale, se terminant par un petit dôme coiffé d'un clocheton. Visible de loin, ce clocher a servi en 1767 de point de triangulation pour le montage de la carte de France.

■ PLAGE DE QUEND
Poste de surveillance de mi-juin à mi-septembre. Possibilité de tiralo pour les personnes à mobilité réduite, renseignements auprès du poste de secours au ✆ 03 22 27 77 49 (en saison) et ✆ 03 22 23 50 94 (hors saison). Chiens autorisés si tenus en laisse hors de la zone de baignade surveillée.
La plage de Quend s'étale sur plus de 15 km, elle est bordée de dunes sauvages et d'oyats. C'est l'endroit propice pour profiter des loisirs nautiques comme

© LAINON – FOTOLIA

Quend-Plage.

le char à voile ou pratiquer l'équitation le long de la baie de Somme ou de la baie d'Authie plus sauvage. Les familles apprécieront le sable fin pour étaler sa serviette ou réaliser des compétitions de châteaux de sable. Les amateurs de pêche à pied ou en mer seront aussi gâtés avec les fameuses moules de Bouchot.

SE RESTAURER

LE BAGATELLE

26, route de la Plage
Monchaux
✆ 03 22 23 04 48
www.le-bagatelle-quend.fr
restaurant@le-bagatelle-quend.fr

Ouvert toute l'année. Haute saison : du mardi au dimanche le soir ; du vendredi au dimanche le midi. Réservation recommandée. Menus de 24 € à 35 €. Menu enfant : 17 €. Plat du jour : 20 €. Accueil des groupes (maximum 40 personnes). Terrasse.

La qualité et la tradition conjuguées en une cuisine exigeante. Voici un restaurant que l'on aime redécouvrir au gré des saisons. Le cadre soigné, l'accueil délicat, le service chaleureux et l'agréable terrasse y sont certainement pour quelque chose. Les assiettes joliment dressées, proposées à des tarifs aussi abordables, finissent de nous convaincre ! Au menu : la fameuse ficelle picarde ou scandinave, les escargots, la terrine de poissons, le foie gras maison, la marmite du pêcheur et son riz au poivron (plat signature du chef Pascal Leclercq), ou encore le pavé de bœuf sauce au poivre. En dessert, la tarte au citron meringuée avec son coulis de fruits rouges et framboises est à se damner... Assez rare pour être souligné : le menu pour enfants est savoureux et leur permet de découvrir de nouveaux plats.

LE CH'TI QUIN QUEND

6, rue du Haut-Gabet
✆ 03 22 23 69 26

Bistrot de pays. Ouvert toute l'année. Basse saison : du vendredi au mardi le midi ; du vendredi au dimanche le soir. Haute saison : du jeudi au mardi le midi et le soir ; le mercredi midi. Menus de 27 € à 32 €. Menu enfant : 11,90 €. Chèque Vacances, Chèque Restaurant. Accueil des groupes. Chaises bébé. Jardin. Vente à emporter.

Un restaurant à mi-chemin entre la Corse et la Picardie, avec une équipe familiale aux commandes : le fils en salle et le père en cuisine. Vous pourrez y savourer à la fois les célèbres charcuteries corses et l'inimitable ficelle picarde. Une alliance surprenante de premier abord, mais qui ravira sans aucun doute vos papilles. Les plats sont très colorés et, à peine posés sur la table, ils donnent déjà l'eau à la bouche. Laissez-vous tenter par le gratin de saumon fumé maison ou le moelleux aux châtaignes, le tout arrosé par une bière brassée localement ou un vin corse (avec modération, bien sûr). Notez enfin que les enfants bénéficient d'un menu spécial préparé à base de produits frais et locaux, c'est assez rare pour être souligné ! Un établissement plein de surprises, qui vaut vraiment le détour.

LE RESTAURANT DU FIACRE

6, rue des Pommiers
Hameau de Routhiauville.
Route de Fort-Mahon
✆ 03 22 23 47 30
www.hotel-le-fiacre.fr
lefiacre@wanadoo.fr
♿

Logis. Fermé du 1er au 31 janvier. Ouvert tous les soirs ? du vendredi au dimanche le midi. Ouvert du mercredi au samedi le soir ; du vendredi au dimanche le midi. Menus de 33 € à 53 €. Menu enfant : 12,50 €. Formule du midi : 16,90 € (les deux plats et 22,90 € les trois plats, en semaine seulement). Douze chambres à partir de 95 €. Accueil des groupes. Terrasse.

Le Fiacre est une maison chaleureuse dans un cadre rustique avec une terrasse fleurie très agréable l'été. Ici, vous apprécierez la gastronomie locale en vous régalant d'une cuisine maison. La carte varie selon les saisons, garantissant toujours la fraîcheur du produit. Le velouté de courges shiatsu, le gibier, les escargots du Marquenterre, les noix de Saint-Jacques, la tartelette ananas et ganache passion... Tout est délicieux et dépaysant comme ce lieu magnifique. L'ambiance conviviale séduit, enfin. Une halte gourmande recommandée.

SPORTS / LOISIRS / ACTIVITÉS

ARBRE & AVENTURE

6, avenue Henri-Renard
✆ 06 89 89 42 32
www.arbo-escalade.com
contact@arbo-escalade.com

Ouvert de mars à novembre, tous les jours de mi-juin à septembre, et le mercredi et le week-end pendant les petites vacances. Acrobranches 17 € enfant et 20 € adulte. Laserball 20 € l'heure.

Des arbres et de l'aventure ! Perché à plusieurs mètres du sol, croyez-nous, vous aurez quelques sensations ! Plusieurs parcours sont proposés, adaptés aux niveaux de tous et à tous les âges à partir de 3 ans. Pour les amateurs de sensations fortes, le parc propose le « saut éjection » : le principe est de vous propulser à près de 18 m du sol via un élastique ! Et pour ceux qui ont trop le vertige, d'autres activités sont possibles comme le laser game, la pratique de l'hover board ou encore un combat au tir à l'arc.

ASINERIE DU MARQUENTERRE

Lieu-dit Ferme de la Bonne-Dame
✆ 06 21 26 02 94
leblef@hotmail.fr

Ouvert du 1er avril au 15 septembre ; fermé le samedi sauf pendant les vacances scolaires et week-ends de pont. Baptême à dos d'âne pour les petits : 2 €, le mercredi et dimanche après-midi. Entrée : 5 € (visite de l'asinerie. Gratuit pour les moins de 3 ans). Randonnée avec un âne bâté sur réservation : 30 € pour 2h30. Tarif réduit pour les groupes. Vente de savons au lait d'ânesse. Petite boutique souvenirs.

Une ferme pédagogique très sympathique qui regroupe des ânes de toutes races bien sûr, mais aussi des chèvres, des moutons, des adorables petits lapins, des poules, des canards, des cochons et des dindons. Pour la plus grande joie des enfants, vous pourrez avoir un contact direct et chaleureux avec tous ces animaux. Sur réservation, vous pourrez même randonner avec un âne, pour découvrir la baie de Somme à un autre rythme... Il est possible de pique-niquer au milieu de tous ces animaux. N'oubliez pas de passer par la petite boutique en repartant. Attention, prévoyez une tenue adéquate par mauvais temps pour ne pas vous enfoncer dans la boue !

Chars à voile sur la plage de Quend.

S'AMUSER – SORTIR

THE MONKEY BAR

74, avenue Vasseur

Basse saison : ouvert du vendredi au mercredi. Haute saison : tous les jours. Wifi. Terrasse. Restauration.

Le Monkey Bar propose bien quelques salades et snacks mais ce sont surtout les crêpes et les gaufres qui occupent la carte. On vient ici faire une petite halte après une après-midi sur la plage ou une longue promenade sur le front de mer. Le temps de se rafraîchir ou de se reposer tout en contemplant la baie de sa grande terrasse, sans être trop pressé...

RUE

Rue était, jusqu'au XIIe siècle, une ville prospère en raison de sa proximité avec la mer et de son patrimoine religieux. Fortifiée au XVe siècle, la ville résista à la guerre de Cent Ans mais périclita par la suite. En la traversant, on peut y admirer, outre son beffroi, plusieurs maisons anciennes à pans de bois et, parmi les édifices religieux, la chapelle du Saint-Esprit, un très bel ouvrage de style gothique flamboyant des XVe et XVIe siècles. A noter que l'office de tourisme accueille le musée Caudron, dédié aux deux frères natifs de la région, pionniers de l'aviation, qui réussissent à lancer dans les airs une machine volante en 1909, avant de connaitre la prospérité dans le milieu aéronautique.

BUREAU D'INFORMATIONS TOURISTIQUES

10, place Anatole-Gosselin
✆ 03 22 25 69 94
www.rue-baiedesomme.com
contact@rue-baiedesomme.com

Basse saison : ouvert du mardi au samedi de 10h à 12h30 et de 14h à 17h. Haute saison : du mardi au samedi de 9h30 à 18h ; le dimanche et les jours fériés de 10h à 13h. Haute saison de début avril à fin septembre.

Virginie et Robin connaissent parfaitement la région et auront plaisir à vous aiguiller sur les différentes activités proposées par la ville : visite du beffroi datant du XVe siècle et classé au patrimoine de l'UNESCO, de la chapelle de l'hospice datant du XVIe siècle et de celle du Saint-Esprit, ou encore visite du musée des frères Caudron, premiers constructeurs d'avions en Picardie (qui se trouve dans les locaux de l'office).

On profite aussi de tous les itinéraires de balades, à pied, à vélo ou même à cheval ! Nouveauté datant de 2020 : service de location de vélos à assistance électrique (12 € la demi-journée et 20 € la journée).

A VOIR - A FAIRE

BEFFROI DE RUE

Place du Général-Leclerc
✆ 03 22 25 69 94
www.rue-baiedesomme.com
contact@rue-baiedesomme.com

Visite guidée sur réservation 48h avant auprès de l'office de tourisme d'avril à septembre, du mardi au vendredi à 10h30, et samedi et dimanche matin. Tarif : 6 € par personne.

Le beffroi, typique du Nord de la France, existe encore. Il est composé d'une grosse tour carrée à trois étages, couverte en ardoises et flanquée vers le haut de quatre petites tourelles pointues. Le rez-de-chaussée se compose de deux compartiments dont l'un servait de prison pour les tapageurs et les ivrognes. Il dispose d'une salle d'exposition temporaire où se tiennent régulièrement des expositions.

VERSION NUMÉRIQUE
OFFERTE
Obtenez votre guide numérique en scannant le QR code
ou rendez-vous sur le site
www.ebookfute.com
avec le code avantage
PW9GK1
petit futé
BAIE DE SOMME
OFFRE VALABLE JUSQU'À L'ARRÊT DE COMMERCIALISATION DU TITRE EN FRANCE MÉTROPOLITAINE ET DANS LE MONDE ET SOUS RÉSERVE QUE LE NOMBRE DE TÉLÉCHARGEMENTS SOIT INFÉRIEUR OU ÉGAL AU NOMBRE D'EXEMPLAIRES DE GUIDES PAPIER IMPRIMÉS. FORMATS DISPONIBLES POUR SMARTPHONES, TABLETTES, LISEUSES ET ORDINATEURS PC OU MAC.
© PERFECTLAB - SHUTTERSTOCK.COM

CHAPELLE DE L'HOSPICE

Rue du 8-Mai © 03 22 25 69 94
www.rue-baiedesomme.com
contact@rue-baiedesomme.com
Fermée pour travaux de juin à novembre 2020.

L'hospice de Rue fut construit, sur la demande du pape Urbain III, afin d'accueillir les pèlerins les plus pauvres dès le XIIe siècle. Il était placé sur l'un des chemins de Compostelle. La chapelle présente une très belle voûte de châtaigner en carène de bateau renversé, s'appuyant sur des sablières décorées des insignes des pèlerins de Saint-Jacques. Vous pouvez aussi observer plusieurs statues de saint Jacques, de saint Nicolas ou encore celle de la Vierge à l'Enfant. Le couvent des sœurs de Saint-François a été fondé en 1488 sous l'invocation de saint Jacques. En 1496, l'édifice est saccagé par les Anglais. Les sœurs étaient douze en 1698 et furent chassées de Rue par la Révolution. La façade de l'édifice est reconstruite à la fin du XIXe siècle dans un style flamand. La chapelle est classée aux monuments historiques le 2 juin 1921.

CHAPELLE DU SAINT-ESPRIT ★

54, rue Porte Bécray
© 03 22 25 69 94
www.rue-baiedesomme.com
contact@rue-baiedesomme.com
Narthex de la chapelle accessible du mardi au samedi de 10h à 17h. Visite guidée (sur réservation auprès de l'office de tourisme d'avril à septembre du mardi au vendredi à 10h30 ; 6 € ; 1h15 de visite).

Un véritable petit bijou de l'art gothique flamboyant, qu'il serait vraiment dommage de ne pas aller visiter si vous êtes de passage dans la région. La chapelle du Saint-Esprit, classée monument historique, a été édifiée entre 1440 et 1515, afin d'abriter le flot de pèlerins venus vénérer un mystérieux crucifix échoué sur la grève de Rue en août 1101. La légende veut que ce crucifix viendrait directement de Jérusalem. Grâce à cette légende, perçue comme un signe de Dieu, la chapelle reçut de nombreuses donations royales. La façade et l'intérieur du monument sont saisissants de beauté. Voûtes magnifiquement ornées, statues énigmatiques, dentelle de pierre de la Trésorerie haute, la majesté des lieux surprend et éveille la curiosité.

MUSÉE DES FRÈRES CAUDRON

10, place Anatole-Gossellin
Locaux de l'office de tourisme
© 03 22 25 69 94
www.musee-caudron-test2.jimdo.com
contact@rue-baiedesomme.com

Ouvert toute l'année. Basse saison : du mardi au samedi de 10h à 12h30 et de 14h à 17h. Haute saison : du mardi au samedi de 9h30 à 18h ; le dimanche de 10h à 13h. Haute saison de début avril à fin septembre. Gratuit jusqu'à 12 ans. Adulte : 1,50 €. Visite guidée (pour les groupes sur réservation). Boutique.

Ce musée fait honneur aux pionniers de l'aviation française en Picardie que furent les frères Caudron. La baie de Somme fut autrefois leur atelier d'observation. C'est en étudiant les travaux des frères Wright et en examinant le vol des oiseaux qu'ils se lancèrent dans la construction de leur premier avion en 1909. Ils sont à l'origine du G3 qui servit à l'armée française pendant la Première Guerre mondiale. Les frères Caudron construisirent 10 330 avions et formèrent 17 000 pilotes dans leur école sur la plage du Crotoy. Le musée présente une collection de maquettes, des photographies ainsi que des documents personnels.

SE RESTAURER

AU PETIT CHAUDRON

390, route d'Abbeville
✆ 03 22 25 80 16
https://aupetitchaudron.eatbu.com
aupetitchaudron@hotmail.fr

Ouvert du mardi au samedi le midi et le soir ; le dimanche midi. Ouvert les lundis fériés. Réservation recommandée. Menus de 32 € à 50 €. Menu enfant : 15 €. Vin au verre. Chèque Vacances. Accueil des groupes. Jardin. Terrasse.

C'est dans un havre de calme et de verdure que votre balade gustative commence. Serge et Pablo Leveau, père et fils, composent ensemble en cuisine depuis 2018. Les plats sont généreux et raffinés. La cuisine se veut française et contemporaine. Les plats sont réinventés tous les deux mois et vous serez séduit à chacune de vos visites. Quelques fantaisies s'y ajoutent même parfois au retour des voyages de Pablo. L'établissement a de plus à cœur de travailler avec les producteurs de la région, le tout dans un cadre chaleureux et agréable. Par beau temps, vous pourrez même profiter d'une terrasse avec vue sur le jardin.

BRASSERIE VINTAGE

6, rue du Colonel Tétart
✆ 03 22 20 11 45

Ouvert le lundi, le mardi et du jeudi au samedi le midi et le soir ; le dimanche midi. Menus de 18,90 € à 22,90 € (deux ou trois plats). Terrasse. Vente à emporter.

Voilà ce qu'on appelle une bonne petite adresse sans prétention où vous êtes sûr de vous régaler ! Les produits sont frais et de saison, les plats raffinés, la décoration soignée et d'époque. Le tout avec un service des plus agréables : que demander de plus ? La carte change chaque mois, mais si vous pouvez, goûtez donc le filet de sébaste sauce curry, le magret de canard pêche de vigne, la souris d'agneau confite à la bière, ou le crumble aux fruits du soleil. L'établissement fait également traiteur pour des réceptions ou des repas à domicile.

S'AMUSER – SORTIR

HÔTEL BRASSERIE DES FRÈRES CAUDRON

5, rue de la Barrière ✆ 03 22 25 74 18
www.hotelcaudron.com
hotelcaudron80@hotmail.fr

Basse saison : ouvert du vendredi au dimanche de 18h30 à 1h. Haute saison : tous les jours de 18h30 à 1h. Cocktails de 4,50 à 8 € ; planches apéritives de 8,50 à 16 €, bruschettas, mini-burgers...

A quelques pas de la Brasserie (l'entrée se fait par le 13, rue Gaston Garry), vous trouverez l'Atelier des Frères Caudron. Vous pourrez ici vous détendre dans un petit salon cosy et chic avec un cocktail maison ou une bière de la région. Pour un apéritif ou un dernier verre, l'ambiance intime permet de profiter d'un moment de calme. Le restaurant accolé propose des spécialités régionales comme la ficelle picarde, le welsh ou encore le potjevleesch. Il est même possible de loger chez les Frères Caudron ! Les chambres sont très confortables et bien aménagées.

SAINT-QUENTIN-EN-TOURMONT

Entre les estuaires de la Somme et de l'Authie, Saint-Quentin-en-Tourmon fait partie du parc naturel régional Baie de Somme – Picardie maritime depuis 2020. Au sud-ouest du Marquenterre, la commune est une porte d'entrée de choix pour profiter du parc éponyme et de son avifaune.

A VOIR – A FAIRE

PARC DU MARQUENTERRE – RÉSERVE ORNITHOLOGIQUE
25 bis, chemin des Garennes
© 03 22 25 68 99
www.parcdumarquenterre.fr
parc.marquenterre@baiedesomme.fr
Fermé en janvier. Basse saison : ouvert le week-end de 10h à 17h. Haute saison : tous les jours. Haute saison de mi-février à mi-novembre. Gratuit jusqu'à 6 ans. Adulte : 10,50 €. Enfant (jusqu'à 16 ans) : 7,90 €. Familles 33,80 €. Rencontre nature 18 € adulte et 10 € enfant de plus de 6 ans. Sortie calèche : 23 € adulte et 21 € enfant (jusqu'à 12 ans et gratuit pour les moins de 4 ans). Visite guidée. Restauration. Boutique. Stages de dessin ou de photos. Les chiens ne sont pas admis même tenus en laisse.
Avec ses 220 ha de dunes, de forêts et de marais, le Parc du Marquenterre préserve toute la richesse de la faune et de la flore de la baie de Somme. Venus de toute l'Europe, les oiseaux migrateurs y font escale, les uns pour un instant, les autres pour la saison entière. Au

© ARENYSAM – SHUTTERSTOCK.COM

Cigogne dans le Parc du Marquenterre.

sein du parc, vous aurez le choix entre trois itinéraires, allant de 45 minutes à un peu plus de 2 heures pour faire le tour du parc. Le premier sentier, idéal à faire avec des enfants, permet de se familiariser avec les principales espèces d'oiseaux de la baie. Tout au long de votre promenade, vous rencontrerez sûrement des animateurs-nature. N'hésitez pas à les solliciter, ils ont toutes les réponses à vos questions… Tout est source de découverte au rythme des saisons : au printemps, la belle et rare avocette parade et niche, des tadornes disputent les terriers aux lapins de garenne… En juillet, les dunes se couvrent de fleurs jaunes, les onagres, qui naissent le soir et se fanent le matin. Pour faire plaisir aux enfants, vous pouvez aussi y faire une balade en calèche. Et surtout, n'oubliez pas de louer des jumelles, absolument nécessaires pour contempler la beauté de ce parc.

© STSHANK – SHUTTERSTOCK.COM

Observation d'une grue.

SE RESTAURER

TABLÉE DU MARQUENTERRE

Parc du Marquenterre ✆ 03 22 25 68 99
www.baiedesomme.fr

Fermé en janvier et le 25 décembre. Ouvert tous les jours de février à novembre et seulement le week-end l'hiver (excepté pendant les vacances de Noël où le parc est ouvert tous les jours). Ouvert tous les jours le midi de 12h à 15h. Bar ouvert dès 10h. Menu enfant : 9,50 € (plat, dessert et boisson). Entrée à partir de 4,8 € ; plat à partir 13 € et dessert à partir de 4,5 €. Accueil des groupes. Terrasse. Vente à emporter. Boutique.

Coupler votre visite du parc ornithologique à une dégustation de produits du terroir et de légumes oubliés : voilà un chouette concept à tester d'urgence ! Le chef concocte une cuisine saine et équilibrée dans des bocaux joliment présentés : par exemple selon les saisons les tomates anciennes et leur pesto d'herbes fraîches, les potimarrons confits accompagnés d'un lieu noir parfumé à l'Oxalis sans oublier les moules de bouchot de la Baie de Somme. La démarche est ludique et écologique. Avant de passer aux desserts (avec un riz au lait de la laiterie de la Baie par exemple), n'oubliez pas de goûter l'assiette de fromages picards. Le bar propose également des glaces artisanales, des crêpes et des boissons locales (bières, jus de pomme et thé à base d'argousier). Aux beaux jours, la terrasse est très sympa et offre un havre de paix en pleine nature. Le rapport qualité-prix est excellent. Une belle surprise sur un site touristique !

SAINT-VALERY-SUR-SOMME ★★

A la sortie sud de l'estuaire de la Somme, Saint-Valery, petite cité médiévale au riche passé qui bénéficie du label Pays d'Art et d'Histoire, a tout pour séduire avec son patrimoine historique très important, sa digue-promenade le long du chenal bordée de villas anciennes, son quartier de pêcheurs aux maisonnettes colorées et son port. « Dis-moi où tu habites, comme tu habites, et je te dirai qui tu es. » Cet adage ne se vérifie jamais aussi bien qu'à Saint-Valery.
La ville, qui inspira de grands artistes comme Degas, Victor Hugo ou Colette, marque ses habitants et leur forge parfois des destins d'exception.

OFFICE DE TOURISME

Quai Lejoille
Entrepôt des sels
✆ 03 22 60 93 50
www.tourisme-baiedesomme.fr
saintvalerysursomme@ca-baiedesomme.fr

Basse saison : ouvert du mardi au dimanche de 10h à 12h30 et de 13h30 à 17h30. Haute saison : tous les jours de 9h30 à 12h30 et de 13h30 à 18h.

Depuis février 2020, l'office de tourisme a investi l'entrepôt des sels, un lieu chargé d'histoire dans la commune ! Vous y trouverez tous les renseignements dont vous avez besoin pour découvrir Saint-Valery-sur-Somme. Le mieux est sans doute de demander le plan de la ville et de suivre un à un tous les points d'intérêt, comme la cité médiévale, l'église et ses quais si plaisants d'où vous pourrez peut-être apercevoir des phoques. Si l'office de tourisme n'est pas ouvert, n'hésitez pas à consulter le site Internet, très bien fourni.

CHEMIN DE FER DE LA BAIE DE SOMME

✆ 03 22 26 96 96
www.cfbs.eu
accueil@cfbs.eu

Ouvert de Février à Novembre. Horaires et parcours nous consulter. Parcours Le Crotoy – Saint Valery sur Somme : 14,50 € par adulte / 10,50 € par jeune de 4 à 16 ans / Gratuit pour les enfants de moins de 4 ans.

Au début du XXe siècle, un tortillard emmenait les touristes vers les plages de la côte picarde. Désireux de sauvegarder la ligne de Cayeux-Saint-Valery-Le Crotoy, quelques amateurs se réunissent, en 1969, et proposent aux autorités locales le projet d'une exploitation touristique de la ligne. Le projet est retenu. L'association des Chemins de Fer de la Baie de Somme est créée. Depuis plus de trente ans, elle exploite le réseau des Bains de Mer. D'authentiques voitures de la Belle Epoque, tractées par de toujours vaillantes locomotives à vapeur, transportent les touristes autour de la baie de Somme. Il suffit de se rendre aux gares du Crotoy, de Noyelles-sur-Mer, de Saint-Valéry ou de Cayeux-sur-Mer et acheter son billet soit à la gare soit au contrôleur du train aux horaires mentionnés dans le site ou par téléphone.

PROMENADE EN BATEAU SUR LES « COMMANDANT CHARCOT »
Quai Perrée (kiosque rouge)
✆ 03 22 60 74 68
www.bateau-baie-somme.com
Sorties d'avril à novembre et pendant les vacances scolaires. Horaires irréguliers en fonction des marées. Billetterie ouverte de 10h à 17h en semaine et 1h avant le premier départ le week-end. Circuit 2h aller-retour 22 € par adulte et 15 € par enfant (3-12 ans) ; circuit 1h15 : 17 € adulte et 12 € enfant ; 40 min 13 € adulte et 9 € enfant. Petit charcot : 35 € pour 1h ; gratuit en-dessous de 3 ans.
Pour aller au cœur de la baie de Somme et en découvrir les courants et changements de paysages. Vous embarquerez à bord du *Charcot III* ou du *Charcot IV*. Plusieurs parcours vous sont proposés de la balade rapide (40 min) avec le circuit Cap Hornu au tour complet de la Baie (2h). Quant au circuit Hourdel, il vous fera naviguer de Saint-Valéry au Hourdel, pendant 1h15. A bord d'un semi-rigide de 12 places, le *P'tit Charcot*, on vous promet de l'émotion avec l'observation de la plus grande colonie de phoques veaux marins.

A VOIR – A FAIRE

CAP HORNU
Route du Cap
C'est ici que l'estuaire s'élargit véritablement et que le paysage change de manière spectaculaire au gré des marées. Pour profiter différemment du spectacle, n'hésitez pas à prendre de recul et de la hauteur en allant vers la chapelle des marins. Vous pouvez aussi vous engager sur les digues du sentier du littoral qui mènent au Hourdel. On y voit les méandres et les mares, les bancs de sable qui disparaissent et réapparaissent au fil du jour, les lumières changeantes et de beaux troupeaux de moutons...

© BERNARD GIRARDIN – STOCK.ADOBE.COM

Balade dans les rues de Saint-Valéry-sur-Somme.

Chapelle des marins.

CHAPELLE DES MARINS ★

Mont de la Chapelle

Ouvert les week-ends et jours fériés de mai à septembre, entre 15h et 18h. Gratuit.

A 10 min à pied de l'agitation de la ville, cette chapelle est un havre de paix qui surplombe la baie au milieu des prés. Élégante, avec ses beaux murs en damier, elle possède un clocher surmonté non pas d'un coq mais d'un goéland ! A l'intérieur, des bateaux sont suspendus. Le lieu était fréquenté par les marins. Vous trouverez la chapelle en sortant de la ville, en continuant le long du rivage ou le chemin longeant le bas des remparts, juste avant d'atteindre le cap Hornu. C'est un endroit calme et très photogénique avec l'un des plus beaux panoramas sur la baie de Somme.

ÉGLISE SAINT-MARTIN ★

16, rue de la Porte-de-Nevers

Ouvert toute l'année. Tous les jours de 10h à 18h.

Ne vous fiez pas à sa petite taille, cette église saura vous surprendre par son côté atypique. Elle présente une élégante façade en damiers noir et blanc de pierres et de silex, deux nefs, dont l'une abrite un triptyque datant de la Renaissance, une tour imposante, épaulée de contreforts, ainsi qu'une toiture en flèche qui a été remplacée par une toiture pyramidale à la fin du XVIIIe siècle. Elle a probablement été construite au XIIIe siècle, avant d'être incendiée au XVIe siècle, puis reconstruite. A noter, chaque année, deux concerts sont organisés afin de récolter des fonds pour veiller à l'entretien de l'orgue remarquable.

ENTREPÔT DES SELS

Quai Lejoille

Un entrepôt qui connut son heure de gloire autrefois. Edifié en 1736, il fut en effet l'un des seuls du royaume de France à pouvoir contenir jusqu'à 20 000 tonnes de sel, en provenance de Guérande, Brouage, Marennes et La Rochelle. Ce sel était ensuite réparti dans les greniers de Picardie, de Champagne et de Bourgogne. On y stocka plus tard du charbon. Sa toiture fut démontée en 1905. Depuis début 2020, un projet de rénovation a permis d'accueillir l'office de tourisme, une salle de spectacle, un espace de réception et bientôt un restaurant avec vue panoramique sur la baie de Somme.

MUSÉE PICARVIE ★

5, quai du Romerel

✆ 03 22 26 94 90

www.picarvie.fr

musee.picarvie@baiedesomme.fr

Ouvert du 1er avril au 30 septembre. Ouvert le vendredi et le samedi de 10h à 12h30 et de 13h30 à 18h ; le dimanche de 13h30 à 18h. Gratuit jusqu'à 6 ans. Adulte : 5,90 €. Enfant (de 6 à 16 ans) : 4,70 €. Visite guidée (sur réservation). Boutique.

Préparez-vous à remonter le temps ! Ce musée très fourni et bien aménagé vous plongera dans l'ambiance d'un authentique village picard du XIXe siècle. On y retrouve les métiers et traditions locales, avec des scènes de la vie domestique, une école avec ses pupitres en bois, une ferme, des estaminets, un atelier de serrurier, de vannier ou de maréchal-ferrant... Vous retrouverez au total une quarantaine de professions et une collection d'environ 6 000 outils. En plein centre de Saint-Valery, ce musée constitue une halte culturelle appréciée entre deux bols d'air marin.

HERBARIUM

36, rue Brandt
© 03 22 26 69 37
Jardin remarquable. Fermé de novembre à mars. Basse saison : ouvert du lundi au vendredi de 10h à 17h. Haute saison : du lundi au vendredi de 10h à 18h ; le week-end et les jours fériés de 10h à 12h30 et de 15h à 18h. Haute saison de mi-avril à fin septembre. Gratuit jusqu'à 12 ans. Adulte : 8 €. Enfant (de 12 à 18 ans) : 4 €. Visite guidée (sur demande).
Situé dans la ville haute, ce jardin créé en 1996 s'inspire de celui des religieuses de l'hôpital. Il est entouré de murs de galets et domine la ville. Avec ses rues fleuries, son Frutictum et cet Herbarium, Saint-Valéry-sur-Somme se transforme en promenade paisible et colorée. On y retrouve sur trois niveaux un grand nombre de plantes, classées selon leur usage : condiments, plantes médicinales, ornementales, souvenirs de guerre, curiosités, plantes textiles, ancêtres de nos plantes.... Une partie du jardin est consacrée à la reconstitution des milieux de la baie de Somme. Pour repartir avec une belle plante à la maison, on n'oublie pas la bourse aux plantes, organisée au mois de mai. Une belle sortie à faire en famille pour faire découvrir la magie des plantes aux plus petits.

PLAGE DE SAINT-VALÉRY-SUR-SOMME

Chaussée du Cap Hornu et Quai Jeanne d'Arc
© 03 22 60 82 16
Baignade interdite.
Une ancienne plage des bains de mer et le lieu idéal pour les enfants amateurs de châteaux de sable. La baignade est interdite pour raison de sécurité. La marée haute peut surprendre par sa puissante montée des eaux, mais elle est beaucoup moins dangereuse que dans la baie. Vous pouvez donc prévoir d'y faire de belles promenades à marée basse, avec une vue époustouflante sur l'ensemble de la baie de Somme et un regard sur la cité médiévale qui vous surplombe. Une terrasse vous permet d'y siroter un verre agréablement. C'est aussi le lieu de départ des pirogues, un spectacle qui plaît toujours aux badauds.

LES QUAIS

Quais Jeanne d'Arc, Courbet, Blavet, Pérée, Lejoille
www.tourisme-baiedesomme.fr
C'est un chemin de promenade incontournable, avec de superbes vues sur le port, la baie et même parfois les phoques si vous avez un peu de chance. Ces quais, d'une longueur de près de 3 km, sont très empruntés lors des beaux jours, heureusement qu'ils sont larges et agréables ! Au fil de votre balade, vous admirerez sans doute avec jalousie les élégantes demeures du XIXe siècle, d'anciennes propriétés des familles d'armateurs et de capitaines. Au bout du quai Jeanne-d'Arc, c'est la plage où le tout-Paris venait autrefois prendre des bains. Le temps de votre aller-retour, vous remarquerez que le paysage, la forme des méandres de la baie et les lumières auront changé. C'est un plaisir simple mais qui fait partie intégrante du charme de Saint-Valery.

QUARTIER DU COURTGAIN

Rues des Moulins et des Pilotes
Ce petit quartier charmant et méconnu était celui des marins. Son nom signifie « petit salaire ». On y retrouve des rues étroites et pentues avec de petites

maisons colorées et parfois décorées sur le thème de la pêche et de la mer. Pour être encore plus dans l'ambiance, faufilez-vous depuis la place des Pilotes dans un étroit passage entre deux maisons pour monter jusqu'au calvaire des marins. Vous y bénéficierez d'une des plus belles vues sur la baie et la cité. Ce secteur pentu est beaucoup moins fréquenté que les quais ou la cité médiévale, c'est aussi ce qui fait son charme.

SE RESTAURER

LE 43

43, quai de Romerel
✆ 03 22 60 80 07
www.le-43.fr

Fermé les midis pendant l'hiver. Ouvert le mardi, le mercredi, le vendredi et le samedi le midi et le soir ; le jeudi soir ; le dimanche midi. Réservation recommandée. Menus de 39 € à 45 €. Carte : 16 € environ. Formule du midi : 19,90 € (entrée + plat ou plat + dessert ou café gourmand). Chèque Vacances, Chèque Restaurant. Terrasse.

Si vous aimez l'authenticité, vous ne serez pas déçu dans ce restaurant que l'on repère bien à la sortie de la cité médiévale grâce à l'hôtel dont il dépend. Le chef aime revisiter des recettes traditionnelles à base de produits locaux (canard, escargots, poissons, fromages, pommes, gâteau battu...). La Saint-Jacques est à l'honneur avec un menu dédié avec deux façons de la cuisiner (pochée et en cassolette). La décoration est très soignée et raffinée. La cour intérieure vous permettra de profiter d'un calme bien appréciable dans ce secteur très fréquenté.

LA BUVETTE DE LA PLAGE

445, quai Jeanne-d'Arc
✆ 03 22 30 45 79
www.labuvettesaintvalery.fr
buvettedelaplage@yahoo.com

Ouvert tous les jours en saison selon la météo. Carte : 20 € environ. Menu enfant : 10 €. Chèque Restaurant. Accueil des groupes (sur réservation). Chaises bébé. Terrasse.

L'atout de cet établissement à côté de la grande plage : sa grande terrasse de 120 couverts au cadre enchanteur, avec une vue imprenable sur la baie de Somme. Lorsque le temps est dégagé, vous pourrez même apercevoir Le Crotoy, de l'autre côté de la baie. Vous pouvez aussi profiter du départ des pirogues polynésienne qui vont partir en baie. Du côté de l'assiette : pas de la grande cuisine mais de l'authentique, du fait maison et des produits simples avec des brochettes de poisson, des salades, des burgers, de l'agneau des Prés Salés et bien sûr les incontournables moules-frites. Des concerts y sont régulièrement organisés.

LES CORDERIES

214, rue Moulins
✆ 03 22 61 30 61
www.latabledescorderies.com
hotel@lescorderies.com

Maître Restaurateur. Ouvert le mardi soir ; du mercredi au dimanche le midi et le soir. Réservation recommandée. Menus de 60 € à 80 €. Formule du midi : 29 € (sauf dimanche et jours fériés). Hôtel 4 étoiles. Spa Samaris.

Une des tables les plus raffinées de la ville. Le décor joue dans la cour des grands, avec des tables très élégantes nappées de blanc et des couverts de grande qualité, permettant de profiter pleinement du spectacle des assiettes, particulièrement bien présentées. L'établissement travaille avec un réseau tissé depuis plusieurs années autour de 120 producteurs locaux. La cuisine est entièrement faite maison. Alors laissez-vous sereinement guider avec les arrivages de pêche ou de chasse ou optez pour un menu plaisir qui porte bien son nom ! En été, profitez de la terrasse, le plaisir est alors total...

LE COURTGAIN

99, rue de la Ferté
✆ 03 22 26 91 43
Fermeture mi-novembre pour 3 semaines. Ouvert tous les jours. Carte : 13 € environ. Terrasse.

Cette petite brasserie à la devanture rouge se trouve dans une charmante rue de la commune et dévoile un décor feutré fort agréable. À l'image de l'établissement, la carte est assez petite mais a l'avantage d'être variée, pas besoin de faire dans la quantité pour bénéficier de la qualité. Vous y trouverez des poissons, la « véritable » ficelle picarde, le burger du chef et des moules déclinées de plusieurs façons : au curry, à l'estragon, au bleu ou bien tout simplement marinières. Lorsque le soleil pointe le bout de son nez aux beaux jours, ne manquez pas de profiter de l'agréable terrasse.

LA FERTÉ

2, rue de la Ferté
✆ 03 22 30 15 27
Fermé de mi-novembre à Noël. Ouvert tous les jours le midi et le soir. Fermé les lundi et mardi en basse saison. Réservation recommandée. Menus de 19 € à 29,50 €. Menu enfant : 10,90 €. Formule sauf samedi soir et dimanche midi. Terrasse.

On prend place au milieu d'un cadre au goût du jour et les plats sont si généreux et bien présentés que l'on plonge volontiers sa fourchette dedans. L'aile de raie aux câpres a un petit goût de noisette très agréable et on sauce le jus des légumes avec appétit, même quand l'estomac est déjà bien rempli par cette cuisine bistronomique très fine. Après plusieurs jours à déguster du poisson dans la région, ceux qui sont las apprécieront la présence sur la carte d'agneau, du canard rôti aux champignons ou des traditionnelles moules servies avec leurs frites. La petite terrasse en extérieur est très sympa et le personnel est très agréable, sans être oppressant. Si la journée est plutôt calme, le chef viendra même en salle pour s'assurer que tout va bien dans l'assiette.

accès direct à la plage	espace fumeurs	jardin ou parc
bar	établissement non-fumeurs	jeux
blanchisserie	fitness	lave-linge / laverie
climatisation	golf miniature	location de vélos
discothèque	handicap malentendant	magasin d'alimentation
distributeur d'argent	handicap malvoyant	navette aéroport
eau potable	handicap mental	pêche
équitation	handicap moteur	piscine intérieure

LES GALETTES DE TANTE OLYMPE

36, rue de la Ferté
✆ 03 22 60 42 59
www.lesgalettesdetanteolympe.eatbu.com
lesgalettesdetanteolympe@orange.fr
Ouvert le vendredi et le samedi le midi et le soir ; le dimanche midi. Menu unique à 13 €. Carte : 8 € environ. Menu enfant : 8 €. Un salon de thé. Un gîte de deux personnes.

Dans un décor charmant, cette crêperie et salon de thé permet de déguster une douceur avec une vue imprenable sur la baie de Somme. Les couleurs de la déco sont douces et les assises confortables, vous n'avez plus qu'à consulter la carte pour faire votre choix. Les recettes sont originales, côté salé vous avez le choix entre la Curry-Coco, la Chèvrothym (au chèvre, à la gelée de thym, aux noix et aux raisins) et l'incontournable ficelle picarde revisitée façon galette. Les gourmands ne résisteront pas longtemps aux galettes sucrées, avec la Forêt Noire ou bien la Pâte à tartiner (pâte à tartiner maison, glace noisette, éclats de noisettes et chantilly maison). On apprécie également la bonne ambiance qui règne et l'accueil chaleureux. Glaces artisanales et vente de thé.

HÔTEL-RESTAURANT DU PORT ET DES BAINS

1, quai Blavet
✆ 03 22 60 80 09
www.hotelhpb.com
hotel.hpb@wanadoo.fr
Ouvert tous les jours de 12h à 14h30 et de 19h à 21h30. Menus de 20,90 € à 49 €. Menu enfant : 10,90 € (pour les moins de 12 ans). Formule du midi : 16,90 € (plat du jour, café et gourmandise maison, seulement en semaine). Terrasse.

Ce restaurant arbore une décoration lumineuse, avec du mobilier design et des lattes de bois au mur qui accueillent de jolis tableaux marins. Les poissons et les fruits de mer sont à l'honneur avec le cabillaud rôti au beurre blanc et à la citronnelle ou bien encore les assiettes avec huîtres, boulots, bigorneaux et crevettes. Mais vous pourrez opter pour une viande si vous préférez, avec notamment le gigot d'agneau du Hâble d'Ault et son jus au thym. Comptez aussi sur une jolie carte des vins, avec au choix saumur, lubéron ou bien bordeaux. L'hôtel et le restaurant bénéficient d'une magnifique vue sur la baie de Somme, et ne soyez pas surpris car parfois un phoque est susceptible de sortir sa tête juste devant vous !

LE JARDIN

37, rue de la Ferté
✆ 03 22 60 98 99
www.lejardinrestaurant.fr
contact@lejardinenbaiedesomme.fr
Ouvert du mercredi au samedi le midi et le soir ; le dimanche midi. Carte : 14 € environ. Formule du midi : 15,90 €. Tartes 5,50 €. Terrasse.

Le Jardin fait entrer la street-food au bord de mer ! Ici on mange un burger ou un hot-dog fait maison. Vous pouvez aussi toujours commander le traditionnel welsh à la bière, des fruits de mer (huîtres, mulots, crevettes) ou simplement goûter à la très bonne sélection de bières. Le Jardin c'est surtout un cadre sans pareil : une terrasse à faire jalouser tous les restaurateurs. Un vrai plaisir aux beaux jours ! On apprécie la simplicité, le goût certain pour la décoration et l'équipe avenante ! L'établissement organise régulièrement des concerts : tous les événements sont annoncés sur la page Facebook.

LE MATHURIN

1, place des Pilotes
✆ 03 22 30 08 50
https://restaurantlemathurin.fr

Basse saison : ouvert du mercredi au dimanche le midi et le soir. Haute saison : du mardi au dimanche le midi et le soir. En hiver, ouverture les vendredis, samedis et dimanche midi et soir. Carte : 18 € environ.

Une adresse qui monte à Saint-Valéry. Ici, place aux fruits de mer et aux poissons, le tout issu de la pêche familiale et locale avec deux bateaux amarrés au Tréport qui fournissent quotidiennement la cuisine du Mathurin. L'ardoise change quotidiennement, en fonction de l'arrivage des bateaux et privilégie des plats originaux, invitant au voyage. Le chef, Pierre-Alain Delaby, parvient à subtilement relever d'épices et de saveurs inattendues les différentes pêches. Essayez par exemple les ravioles de tourteau, puis le turbot entier rôti ou la sole meunière, avant de prendre une planche de fromages picards.

LES METS DE L'ESTRAN

2, rue du Docteur-Lomier
✆ 03 60 32 70 40
www.metsdelestran.fr
sarl.metsdelestran@sfr.fr

Ouvert tous les jours de 10h à 21h. Vin au verre. 8,50 € la soupe servie avec croutons. 10,50 € avec les fromages régionaux. Plats 13,50 €. Chaises bébé. Terrasse. Boutique.

Dans cette boutique-restaurant, vous pourrez déguster des plats picards également vendus dans la boutique, tel que l'agneau de prés salés au safran ou à l'argousier (selon la saison), des planches de charcuterie artisanale ou des fromages picards. Tous les plats sont servis dans des petites cocottes qui rappellent la cuisine d'antan. N'hésitez pas à accompagner votre repas d'une bonne bière authentique, garantie sans additif ni conservateur, à choisir parmi les 70 variétés. Aux beaux jours, vous pourrez vous installer sur la très agréable terrasse. Dans la boutique, vous avez aussi la possibilité de composer votre panier gourmand avec les terrines d'agneau de prés salés ou de la baie de Somme aux salicornes, le macaron d'Amiens de la célèbre maison Trogneux ou encore l'apéritif de la baie de Somme, une exclusivité de la boutique tout comme les liqueurs (pistache, coquelicot, spéculoos, caramel au beurre salé...). Vous pouvez aussi repartir avec quelques cadeaux comme les verres de bières Saint-Val ou de petits objets (à l'effigie des incontournables phoques locaux).

LA PÊCHERIE

15, Quai Perrée
✆ 03 22 26 98 40

Menus de 16,50 € à 19,90 €. Menu enfant : 8,50 €. Chaises bébé. Terrasse.

Une brasserie qui ne paye pas de mine, face au port de Saint-Valery et près de la gare du petit train, mais où vous serez assuré de faire le plein de produits frais et de saison. Le menu sur ardoise change régulièrement, mais vous trouverez aussi des valeurs sûres comme les moules-frites et les assiettes de fruits de mer.

N'hésitez pas à venir en famille : il y a une grande terrasse, des menus pour enfants et des chaises hautes pour les plus petits !

LE RELAIS GUILLAUME-DE-NORMANDY

46, quai du Romerel
✆ 03 22 60 82 36
www.relaisguillaumedenormandy.com
relaisguillaume@gmail.com
Maître Restaurateur. Basse saison : ouvert du mercredi au dimanche le midi et le soir. Haute saison : tous les jours le midi et le soir. Réservation recommandée. Menus de 22 € à 52 €. Menu enfant : 11 €. Vin au verre. Accueil des groupes. Jardin. Terrasse. Hôtel de 14 chambres.
Situé le long des quais dans un magnifique manoir du début du XXe siècle, impossible de passer à côté de ce restaurant typique de Saint-Valéry. Vous apprécierez le cadre douillet à la décoration ancienne et la vue reposante sur la baie de Somme, que vous pourrez apprécier depuis la pergola (chauffée en hiver). Le chef Sébastien Martyniuk met à l'honneur le poisson, mais aussi des plats typiques de la région : goûtez au gigot d'agneau de prés salés ou au poulet fermier au camembert. Le menu tradition est très abordable et complet, avec par exemple un pâté picard maison à l'ail et aux salicornes, un filet mignon de porc sauce au maroilles et un duo de fromages. Depuis le début de l'année 2020, l'établissement fait aussi salon de thé l'après-midi.

LES REMPARTS

1, rue de la Porte-de-Nevers
✆ 03 22 26 73 96
Basse saison : ouvert du jeudi au lundi de 12h30 à 14h et de 19h à 21h. Haute saison : tous les jours de 12h30 à 14h et de 19h à 21h. Réservation recommandée. Formule du midi : 13,50 €. Galettes à partir de 5 €, crêpes à partir de 3 €.
Voilà une crêperie qui a semble-t-il trouvé la bonne recette, puisqu'il n'est pas rare que sa salle soit pleine à craquer. Parmi les ingrédients du succès, des galettes artisanales (sur la carte on vous détaille même la méthode, qui peut induire un délai d'attente). Les alliances sont plutôt réussies avec par exemple poireaux-gruyère ou saumon-salicornes, pour la touche régionale. Les galettes peuvent être accompagnées de l'incontournable verre de cidre, dans une décoration rustique de bon goût, avec des chaises en osier, une cheminée en briques et des pierres typiques. Un bon plan donc, avec un service agréable, des assiettes de qualité et pas trop chères pour cet établissement très bien placé sur les hauteurs de la cité médiévale (entre la Porte de Nevers et l'église).

RESTAURANT BAIE – TABLE D'HÔTES

30, rue de la Ferté ✆ 03 22 26 65 12
https://restaurantbaie.fr
contact@restaurantbaie.fr
Ouvert le lundi, le mardi, le jeudi et le vendredi le soir ; le week-end le midi et le soir.
Ce lieu rassemble l'expérience et le savoir-faire d'une équipe ayant le désir de cuisiner local, d'innover et de nous régaler chaque jour. Forts de plusieurs expériences dans la restauration et l'hôtellerie, Marie et Etienne se sont lancés dans l'expérience de table d'hôtes en baie de Somme. Et on apprécie ! La qualité des plats est de niveau gastronomique. On déguste des plats de cuisine française à base de produits en provenance directe de producteurs locaux. Même la vaisselle et le mobilier de la salle ont été pensés en collaboration avec les artisans de la région.

LA TERRASSE

2, place des Pilotes
✆ 03 22 60 82 69
laterrasse80@orange.fr
Ouvert tous les jours de 12h à 21h30. Menu unique à 24 €. Menu enfant : 10 €. Terrasse.

On vient avant tout dans ce restaurant pour sa vue exceptionnelle sur la baie. Et faites vite si vous voulez manger avec vue car les quelques tables sont très vite prises d'assaut. La cuisine est sans prétention, on y mange généreusement des viandes, du poisson, des burgers et des moules. Pour faire dans le local, vous pouvez aussi opter pour l'assiette picarde : elle comprend une ficelle picarde, une tarte au maroilles et un potjevleesch. Les desserts sont généreux, notamment le café gourmand. L'accueil est agréable. Une adresse à noter.

AU VÉLOCIPÈDE

1, rue des Puits-Salés
✆ 03 22 60 57 42
auvelocipede.fr
info@auvelocipede.fr
Basse saison : ouvert du jeudi au dimanche de 12h à 14h30. Haute saison : du mercredi au lundi de 12h à 18h. En très basse saison, ouvert le samedi-dimanche de midi à 18h. Plats sur l'ardoise de 7,80 € à 19,90 € (pas de menus). Chambre double à partir de 106 €, petit déjeuner compris. Terrasse.

Un lieu insolite car le Vélocipède est une ancienne boutique de vélos, mais ne vous fiez pas au nom, l'objet à l'honneur n'est plus le vélo mais bien la fourchette. Vous vous régalerez avec des plats à base de produits frais, de saison et de la région. Parmi les plats typiques de la région, essayez le bisteux traditionnel ou au saumon (le bisteux est une tourte aux pommes de terre avec des lardons et des oignons). Si vous faites attention à votre ligne, le restaurant propose aussi un bouillon détox aux petits légumes ou encore un saumon gravelax à la betterave rouge. En plus des plats, on craque pour la décoration et pour ce doux feu de cheminée, en hiver ! Le Vélocipède fait également salon de thé (les petits gâteaux sont tout simplement divins) et chambres d'hôtes.

EMPLETTES

LA BONBONNIERE

2, rue Docteur-Lomier
✆ 03 22 30 66 51
Basse saison : ouvert du mercredi au lundi de 10h à 18h. Haute saison : tous les jours de 10h à 18h. Haute saison des vacances de Pâques à celles de la Toussaint.

En arrivant dans cette boutique il faut vous faire à l'idée : c'est ici que votre régime s'arrête ! A la Bonbonnière, vous retrouverez un choix important de bonbons, mais pas n'importe lesquels, de spécialité française. Des chocolats fins et de gâteaux alsaciens qui vous promettent de vous régaler. Retrouvez aussi quelques produits du terroir de fabrication artisanale : le macaron d'Amiens, le petit craquelin et le petit sablé au beurre dans de jolies boîtes pour faire plaisir. Dès que le soleil arrive et que les températures grimpent, venez goûter à la spécialité de la maison : le frozen yogourt (crème glacée maison au yogourt recouverte de fruits frais, de coulis et

© FOXYTOUL – FOTOLIA

Le port de Saint-Valery-sur-Somme.

de graines), un délice ! Egalement sur place une multitude de petits accessoires vintage pour (se) faire plaisir.

AU COIN GOÛTEUX

65, rue de la Ferté
✆ 03 22 60 81 33
www.au-coin-gouteux.fr
au-coin-gouteux@orange.fr
Ouvert du mercredi au lundi de 10h à 19h. Ouvert le dimanche.

Au Coin Goûteux est l'endroit parfait pour faire ses emplettes de vacances. Ici, l'artisanat et le local sont mis à l'honneur. La Conserverie est spécialisée en viandes, poissons, condiments et salicornes de la baie de Somme. Toutes les conserves sont garanties sans colorants ni additifs. Que du bon et du gourmand ! Vous pourrez ainsi repartir avec une soupe de poisson, une terrine de mouflon du Marquenterre ou encore un saucisson d'agneau de prés-salés de la baie de Somme. A noter qu'il est également possible d'y manger sur le pouce afin de goûter la cuisine !

MARCHÉS

Centre-ville
Marché quai de l'Amiral Courbet, le mercredi de 8h à 14h. Marché place des Pilotes le dimanche de 8h à 13h. Marché en nocturne, en juillet et août, le vendredi de 17h à 21h.

Saint-Valery ne manque pas de marchés ! Le premier, qui a lieu le mercredi sur le quai de l'Amiral Courbet, est plus restreint. Le deuxième, rendez-vous incontournable de tous les locaux, a lieu tous les dimanches matin, place des Pilotes. Vous y trouverez au gré des saisons des poissons et fruits de mer, des bigalans (spécialité à base de pommes de terre et de viande appelée « Bisteu » par les Picards), des agneaux de prés salés, des gâteaux battus ou encore des ficelles picardes. Sans oublier le marché de l'artisanat et du terroir qui se tient en nocturne en été, pour ajouter au charme du lieu et inviter locaux et visiteurs à une flânerie dans les douces températures du soir !

LA SARDINE

9, rue de la Ferté
✆ 03 22 60 08 68
www.la-sardine.com
Ouvert du mercredi au lundi de 9h à 17h.
Une boutique 100 % marine tendance sardine. Avec sa façade bleue elle s'est taillée une belle réputation autour d'une éthique et d'un concept original. Il s'agit d'une boutique de la mer, avec rayons épicerie, cosmétiques marins et créations artistiques. En rayon : tartares d'algues, spaghettis de mer (à base d'algues brunes), salicornes et tout un panel de conserves de poisson (rillettes de saumon, sardines entières à la tomate, rillettes de maquereaux aux fines algues...). Certaines boîtes de sardines sont en elles-mêmes de petits objets d'art.

SPORTS / LOISIRS / ACTIVITÉS

LA CANOTERIE

Maison éclusière
16, quai Jules Vernes
✆ 06 71 78 22 37
www.canoekayak-baiedesomme.fr
info@lacanoterie.fr
Pirogue, kayak et randonnée pédestre à partir de 25 € les 2h30. Location de vélo à partir de 10 euros. Coffee and Wine.
Bienvenue dans un lieu qui vous propose de découvrir la beauté de la baie de Somme de la plus douce des manières : à pied, à vélo ou bien à bord de véritables canoës canadiens tout en bois. Parcourez l'estuaire de la baie de Somme tel un explorateur et prenez le temps tout en pagayant d'observer la richesse de la faune et de la flore. À pied ou à vélo, traversez les plans d'eau, marais, prés-salés et arrêtez-vous quelques instants dès qu'un animal se fait entendre. La Canoterie est un point de départ formidable et les escapades restent à un tarif abordable. En revenant, installez-vous au café pour boire une boisson chaude, une bière ou un verre de vin, dans une décor cosy qui rappelle vraiment l'Amérique du Nord.

CHEMIN DE FER DE LA BAIE DE SOMME

Gare de Saint-Valery
✆ 03 22 26 96 96
www.chemindefer-baiedesomme.fr
Le train circule de février à novembre. Horaires en ligne. Prévoir d'arriver 30 min avant le départ à la gare (port ou ville). Aller-retour 15 € adulte et 11 € enfant de 4 à 16 ans. Gratuit pour les moins de 4 ans. Chèque Vacances.
Le chemin de fer de la baie de Somme nous fait faire un bond d'un siècle en arrière, quand le chemin de fer parcourait le Réseau des Bains de Mer en reliant les villes du Crotoy, Noyelles-sur-Mer, Saint-Valery-sur-Somme et Cayeux-sur-Mer. La locomotive à vapeur a repris du service et vous emmène entre les stations balnéaires cheminant le long des ruisseaux bordés de saules, en passant à travers champs et marais. Il est possible de manger dans les wagons-restaurants lors des dîners à bord. Une application vous permet de consulter les horaires, commander les billets en ligne ou trouver des informations sur les locomotives et les lieux d'escale.

© ANTON HAVELAAR – SHUTTERSTOCK.COM

Balade à vélo à Saint-Valery-sur-Somme.

© GPERISSET

Saint-Valéry-sur-Somme.

EXPÉRIENCE BAIE DE SOMME

6, rue de l'Ermitage
© 06 27 15 07 01
www.experiencebaiedesomme.com
enbaieaveclucas@gmail.com
Balade dans la baie au clair de lune 12 €, sortie photo 30 €, rencontre avec les phoques 12 €.
Plusieurs guides officient déjà pour vous faire découvrir la Baie de Somme, mais avec Emilie ou Lucas deux jeunes natifs de la région, vous aurez l'assurance de sortir des sentiers battus ! Enterrements de vie de célibataire original, sorties en famille personnalisées, séminaires d'entreprise... Lucas saura s'adapter à votre profil et vous proposera une activité sur-mesure. Au choix : traversée de la Baie à pied (7 km), visite guidée de la cité médiévale de Saint-Valéry (1h30), balade photos dans la Baie au clair de lune, sortie Koh Lanta, sortie nature avec visite guidée d'une hutte, démonstrations avec chiens de chasse et canards appelants...

LES LOCATIONS DU CANAL

© 06 82 32 37 70
www.leslocationsducanal.fr
locationsducanal@gmail.com
1h de bateau de 60 à 70 €. 4h de bateau à 150 €. 1h de vélo électrique de 25 à 30 €.
De Saint-Valery-sur-Somme à Abbeville, venez découvrir le canal de la Somme à bord de bateaux de promenade pouvant accueillir de cinq à sept personnes et se navigant sans permis. La base nautique est située à 100 m du pont-levis à la sortie de Saint-Valery-sur-Somme en direction du Crotoy. Si vous préférez, vous pouvez aussi louer un vélo, classique, tandem ou électrique. Vous profiterez alors des pistes cyclables « Véloroute Vallée de Somme » pour découvrir Saint-Valery-sur-Somme et ses alentours. Parking gratuit.

MAXIM GUIDE EN BAIE DE SOMME

© 06 13 22 00 02
www.guide-baie-somme.com
guidebaiesomme@gmail.com
Tarif : de 15 par adulte ; et de 5 à 10 € pour les enfants. Privatisation 280 € la 1/2 journée et 340 € la journée. Prévoir des vieilles baskets ou des bottes.
Maxim Marzi, guide passionné par la baie et ses secrets, vous fera découvrir cette nature encore sauvage, à travers plusieurs balades à partir de 2h30. Vous partirez à la rencontre des phoques si vous êtes chanceux et vous découvrirez les trésors de la baie : cailloux étranges, crabes, crustacés, vase, oiseaux, etc. Les plus sportifs pourront même patauger dans la vase, escalader des micro-falaises et marcher sur des prés salés. Une petite collation est prévue et il est possible de se faire prêter du matériel (jumelles, seaux, filet de pêche...). Des balades idéales pour découvrir la région, accompagnées d'un regard d'expert.

LE PARC SALOMON

Bois Salomon
© 06 84 73 64 64
www.parcaventure-baiedesomme.com
leparcsalomon@hotmail.fr
Ouvert de mars à novembre pour les groupes sur réservation, les week-ends d'avril à juin et de septembre à novembre de 14h à 17h pour les particuliers, et tous les jours de 10h à 19h en juillet-août. Adulte de 18 à 22 € ; enfant de 8 à 14 €.
Partez à l'aventure dans un site de 3 hectares de forêt de chênes et de hêtres. Vous serez perchés à plusieurs

mètres du sol, dans des parcours d'accrobranche adaptés aux niveaux de chacun. Même les moins de 5 ans pourront participer, grâce au parcours Pitchoun, spécialement conçu pour eux. Les adultes devront quant à eux prendre leur courage à deux mains et maîtriser leur vertige pour traverser ces parcours du combattant. Une virée pleine de sensations fortes, mais bien entendu très encadrée et sécurisée. Sympa : des nocturnes pour les groupes à partir de 10 personnes l'été !

PORT DE PLAISANCE

1, avenue du Général Leclerc
✆ 06 45 19 15 72
www.portsaintvalery.fr
snval@orange.fr
A l'embouchure du Canal Maritime de la Somme, ce port maritime mais aussi fluvial compte 250 places d'amarrage, en pleine ville, à proximité des commerces et restaurants. Les places visiteurs sont situées à l'extrémité des pontons. Vous y trouvez un grand nombre d'équipements : sanitaires, douches, laverie avec lave-linge et sèche-linge, bar et brasserie, ainsi qu'une connexion wifi sur tout le port. Activités : voile, motonautisme, pêche. Restaurant le Nautic.

RANDO-NATURE

Billetterie Kiosque Quai Lejoille au port de St-Valéry
✆ 03 22 26 92 30
www.randonature-baiedesomme.com
rando-nature@wanadoo.fr
Entrée : 13 €. Enfant : 7 €. Gratuit pour les moins de 6 ans. Réservation obligatoire. Chèque Vacances.
Sportifs et amoureux de la Nature, lancez-vous dans cette traversée à pied de l'estuaire, pour en apprendre un peu plus sur la faune et la flore. Vous découvrirez les colonies de phoques, des oiseaux de la baie et bien plus encore ! Une sortie de deux heures vous emmènera par exemple sur les traces de l'histoire pour découvrir les blockhaus, le tout accompagné par des guides expérimentés. Des formules sont également proposées avec par exemple la découverte de la baie, le repas à la ferme et le retour avec le train à vapeur. De jolis souvenirs en perspective ! Attention, prévoyez un équipement et une tenue en fonction du circuit choisi (vieilles chaussures, bottes, coupe-vent, paire de jumelles...). N'hésitez pas à consulter le site Internet qui propose régulièrement des nouvelles sorties.

SORTIES NATURE

✆ 06 88 90 83 59
www.randonnee-baie-de-somme.com
contact@sens-naturel.com
Ouvert de mars à décembre. 50 € la journée pour un adulte et 35 € pour un enfant jusqu'à 13 ans.
Olivier, votre guide, est fasciné par la nature et les oiseaux migrateurs. Ingénieur agronome, il est spécialisé en génie de l'environnement et vous propose une dizaine de circuits plus alléchants les uns que les autres : voyage aux falaises d'Ault, les phoques du Hourdel, la traversée de la baie de Somme, le grand tour du Marquenterre, les merveilles de la baie d'Authie, les phoques et les oiseaux, la magie des flots... Les randonnées vont de la demi-journée à la journée et la façon dont il décrit les lieux et dévoile ses secrets capte toutes les attentions. Olivier prévoit même une collation pendant la sortie avec notamment un gâteau battu, spécialité locale. De quoi allier tous les plaisirs !

S'AMUSER – SORTIR

BAR DES PILOTES

62, rue de la Ferté
✆ 03 22 60 80 39
www.lespilotes.fr
reception@lespilotes.fr
Ouvert tous les jours de 12h à 22h.

Dans ce petit bar incontournable, vous bénéficierez d'une vue de toute beauté sur la baie de Somme, confortablement assis au milieu d'une décoration vintage, cosy et raffinée. Vous y dégusterez un bon verre de vin, un cocktail ou si vous préférez un soft ou une boisson chaude avec notamment une très belle sélection de thés. Si la faim se fait sentir, craquez volontiers pour les belles assiettes proposées, à partager : planches de fromage et de charcuterie, de fruits de mer, délicates verrines ou encore des rillettes de poisson artisanales. Des jeux sont mis à disposition pour vous détendre et passer un agréable moment, sans oublier les concerts en soirée qui viennent faire swinguer l'atmosphère. On vient ici pour la vue, puis on y reste pour l'ambiance, la décoration et pour se faire plaisir !

AU COIN DES AUGUSTINES

2 bis, rue Jules-Brûlé
✆ 06 49 88 19 27
aucoindesaugustines@gmail.com
Ouvert du samedi au mercredi de 11h à 18h ; le jeudi de 11h à 19h30. Le soir en période estivale et les week-ends en basse saison.

Au coin des Augustines, la gourmandise est mise à l'honneur. Dans un écrin très confortable, vous pouvez déguster des crêpes salées et sucrées accompagnées d'un chocolat chaud maison, dont vous pouvez choisir le parfum : à la cannelle, à la vanille, au Grand-Manier et même aux marshmallows.... Et si vous appréciez le chocolat sous ses autres formes, vous pouvez emporter des ballotins de chocolats mais aussi de pralines. Des spécialités picardes sont également en vente. Ici, l'ambiance est comme à la maison et la bonne humeur est de mise. De quoi faire une pause très agréable après une balade en bord de mer.

HERMANN

4, rue de la Ferté
✆ 03 22 26 68 11
Basse saison : ouvert le lundi, le mercredi et le jeudi de 9h à 15h et de 17h à 21h ; du vendredi au dimanche de 9h à 21h. De avril à octobre ouvert tous les jours de 9h à 21h. Planches de charcuterie ou de fromages avec un verre de vin 14,90 €.

Une adresse pour les gourmets et les amateurs de bonne chère. Hermann est un fromager caviste et bar à fromages rassemblant une centaine de fromages et de charcuteries venant des meilleures productions françaises et européennes. Avant de faire votre choix, prenez le temps de vous asseoir et de déguster, entre amis ou en amoureux, des planches de fromages et de charcuteries, accompagnées bien sûr d'un verre de vin rouge, blanc ou rosé issu de la très belle sélection. Une adresse très sympathique, avec une équipe experte et avenante, qui vaut vraiment le détour.

Saint-Valéry-sur-Somme.

LANCHÈRES

La commune de Lanchères se divise en trois hameaux : Laleu, Wathiéhurt et Poutrincourt. Il est possible d'y apercevoir les ruines du château de Poutrincourt, ancien édifice construit au XVe siècle. Le musée d'Histoire naturelle La maison de la baie de Somme et de l'Oiseau est un incontournable pour les amoureux de la nature.

■ MAISON DE LA BAIE DE SOMME

Carrefour du Hourdel ✆ 03 22 26 93 93
www.maisondelabaiedesomme.com
Fermeture de mi-novembre à Noël, et le 1er janvier. Basse saison : ouvert tous les jours de 10h à 17h. Haute saison : tous les jours de 10h à 18h30. Se présenter 1h30 avant la fermeture. Gratuit jusqu'à 6 ans. Adulte : 6,90 € (musée). Enfant : 4,90 € (musée). Groupe (4 personnes) : 19,90 € (pass famille). Escape game 30 € par famille. Visite guidée. Boutique. Tables de pique-nique.

Un musée qui part sur les traces des secrets de la faune et de la flore de la région. Ici, plus de 250 oiseaux sont visibles, dans leur milieu naturel reconstitué, avec des postes d'observation prévus à cet effet. La flore de la baie vous sera aussi présentée, avec des falaises ou encore les marécages. Une salle pédagogique consacrée aux phoques vous fera également découvrir cet animal le plus populaire de la baie (apprenez par exemple que l'on compte pas moins de 70 naissances par an !). Enfin, lacez vos chaussures pour partir explorer la baie, accompagné par des guides qui vous racontent le phénomène des marées et vous conduisent sur les meilleurs spots pour observer les oiseaux et les phoques ! Une visite indispensable pour tous les amoureux de la nature et ceux qui veulent connaître les bienfaits écologiques de la splendide baie de Somme à travers les saisons.

Maison de la Baie de Somme.

NOYELLES-SUR-MER

Ce village n'est plus entouré par la mer. Les pâturages humides ont remplacé le sable et seules les hauteurs de la commune permettent de savourer le beau spectacle de l'estuaire. Cependant, il figure parmi les plus anciennes communes de France. En 1850 on y a construit la voie ferrée Abbeville-Etaples.

Au carrefour du hameau de Nolette, au stop aller tout droit vers le cimetière chinois.

Dans ce cimetière chinois, isolé dans la nature sous les cèdres et entouré d'un petit mur en pierre flotte un drame terrible. Au printemps 1916, après une pénible traversée, le premier contingent d'un « corps de travailleurs chinois » débarque en gare de Noyelles. Ce ne sont pas des combattants mais de la main-d'œuvre recrutée à la suite d'un pitoyable accord diplomatique sino-anglais. Ces hommes vivront entassés dans un camp dans des conditions lamentables, tant d'hygiène que de travail. La grippe espagnole fit des ravages. Huit cent quarante-deux stèles rappellent ces morts, si loin de leur patrie, sans trop savoir pourquoi…

Le porche porte des inscriptions en chinois parlant d'éternité. Un coffret abrite un livre d'or. A l'entrée du chemin, deux lions de marbre symbolisent le jumelage de Nolette avec le village chinois de Tungkang qui a eu lieu en juin 1985.

Retourner au carrefour du hameau de Nolette et tourner à gauche vers Noyelles. Traverser le village et au carrefour tourner à droite vers la Baie de Somme, direction Le Crotoy. Emprunter la route panoramique de la baie qui épouse le tracé de la digue séparant la Mollière et les terres cultivées.

A VOIR – A FAIRE

CIMETIÈRE CHINOIS DE NOLETTE ⭐

13, rue du Général-de-Gaulle
✆ 03 22 25 69 94
www.mairie-de-noyelles-sur-mer.fr
mairie.noyelles-sur-mer@orange.fr
Ouvert toute l'année. Gratuit.

Ce cimetière est placé sous la responsabilité de la Commonwealth War Graves Commission. Entre 1917 et 1919, près de 80 0000 travailleurs du Chinese Labour Corps, tous volontaires, furent employés par l'armée britannique à la reconstruction des infrastructures à l'arrière du front. La plupart des 841 Chinois enterrés dans ce cimetière sont morts de l'épidémie de grippe espagnole qui se développa dans le camp de Noyelles où les travailleurs étaient logés. Officiellement inauguré le 23 mars 1920, ce cimetière est un lieu de sensibilisation à la grande Histoire a été reconnu comme cimetière militaire britannique le 30 novembre 1921.

S'AMUSER – SORTIR

RELAIS DE LA BAIE

9, rue du Crotoy
© 03 22 23 50 20
www.lerelaisdelabaie.com
relaisdelabaie@hotmail.com

Ouvert le week-end et les jours fériés de 11h à 21h. Bistrot-Brocante. Soirées concerts et contes. Ateliers. Terrasse.

Pour l'ancien café de la gare de Noyelles-sur-Mer, difficile de trouver une catégorie pour classer l'établissement : est-ce une brocante ou un vrai bistrot ? Eh bien en fait les deux ! L'ambiance bistrot et la déco des années 1970 (dont vous pouvez acheter certains objets et meubles) transportent vraiment dans une autre époque. Vous pourrez découvrir et admirer les différents éléments qui composent cette ambiance chaleureuse en buvant un thé autour d'un jeu dans la partie salon ou bien encore en buvant une bière artisanale locale ou un vin bio autour d'une suggestion pour l'apéro. Terrines de la mer ou de la terre, à vous de faire votre choix. Les nouveaux propriétaires de l'établissement depuis 2019, Philippe et France, qui ont créé une association pour la gestion du lieu, sont ravis de vous accueillir dans leur lieu original. Le lieu fait également chambre d'hôtes. On adore !

ORGANISER SON SÉJOUR

Cheval Henson, étang de la Bassée près du Crotoy.

SE RENDRE EN BAIE DE SOMME

EN AVION

L'aéroport de Beauvais-Tillé est situé à environ 1h d'Abbeville.

EN TRAIN

Compter environ 2h de train pour rejoindre les gares de Noyelles-sur-Mer ou d'Abbeville depuis Paris.

PAR LA ROUTE

Pour rejoindre la baie de Somme en voiture, on peut emprunter l'A16 (Paris-Calais), l'A28 (Rouen-Abbeville) ou l'A26 reliée à l'A29 (Reims-Calais).

EN BATEAU

La baie de Somme accueille trois ports de plaisance : le port de Saint-Valery-sur-Somme, celui du Crotoy et celui du Hourdel.

■ **PORT DE PLAISANCE**
Digue Mercier
Bureau du port
Le Crotoy
✆ 06 89 03 33 14
https://villeducrotoy.fr
contact@villeducrotoy.fr
Port de 100 bateaux mesurant moins de 9 m, dont 10 places visiteurs. Tarif journée : de 14 € à 18 €. Tarif semaine : de 83 € à 104 €. Contacter le surveillant du port pour toute location de place.
Érigé sur un banc de sable, Le Crotoy est un port héritier d'une longue tradition de pêche. Il était au XVIIe siècle l'un des plus importants de la Manche. Aujourd'hui, l'ensablement de la baie a contraint les bateaux de pêche à quitter ce port pour celui du Tréport. Cette activité pourtant en retrait continue de donner une atmosphère maritime. Les maisons de pêcheurs se mêlent aux demeures de vacances. Aujourd'hui, il est un joli port de plaisance où il fait bon s'amarrer le temps d'une journée... ou plus !

■ **PORT DE PLAISANCE**
1, avenue du Général Leclerc
Saint-Valéry-sur-Somme
✆ 06 45 19 15 72
www.portsaintvalery.fr
snval@orange.fr

© BRIMEUX - STOCK.ADOBE.COM

Le chemin de fer de la baie de Somme.

Basse saison : ouvert de 10h à 12h et de 14h à 17h. Haute saison : de 7h à 23h. Eau, électricité, sanitaires, carburant, laveries, wifi. Ouvert tous les jours en saison de 11h à 22h. Reste de l'année samedi dimanche et jours fériés. À partir de 14 € la nuit. Label Pavillon Bleu. Brasserie dans le port avec terrasse.

Situé à l'embouchure du canal maritime de la Somme, au fond de la baie de Somme, le port de plaisance de Saint-Valery-sur-Somme est un lieu grandement apprécié par les plaisanciers qui y amarrent leur bateau pour aller visiter la ville, se promener sur la plage, prendre un café ou se restaurer. En effet, le port se situe à quelques minutes à pied des sites touristiques, commerces et lieux de vie. Le port peut recevoir jusqu'à 250 bateaux d'une longueur maximum de 16 m avec un tirant d'eau de 2,30 m. Les places pour les visites se situent à l'extrémité des pontons. Le port de plaisance accueille également des activités de sport nautique, comme des régates et du motonautisme.

CIRCULER EN BAIE DE SOMME

EN VOITURE

Vous trouverez des zones de stationnement gratuit à Abbeville, Cayeux-sur-Mer, au Hourdel et à Saint-Valery-sur-Somme.

EUROPCAR

18, boulevard de la République
Abbeville ✆ 03 22 20 41 83
Ouvert du lundi au vendredi de 8h à 12h et de 14h à 18h ; le samedi de 8h30 à 12h ; le dimanche de 8h à 22h.
Référence dans la location de voitures Europcar, depuis son agence d'Abbeville, vous loue voiture ou utilitaire pour votre excursion. Vous pouvez même remettre le véhicule dans une autre agence de France ou d'Europe. La réservation se fait sur le site Internet et le retrait du véhicule en agence est très rapide. Vous pourrez ainsi choisir parmi un éventail de voitures et d'options. Les véhicules sont tous récents et de bonne qualité. Durant votre trajet, Europcar assure une assistance routière 24h/24. En voiture !

AVIS

11, rue Saint Martin aux Waides
Amiens
✆ 03 22 91 31 21
Ouvert du lundi au vendredi de 8h30 à 12h et de 14h à 18h ; le samedi de 9h à 12h et de 16h à 18h.
Avis est un loueur de voiture, mais pas seulement ! Au-delà de la seule location de voiture, les agents d'Avis vous conseillent et renseignent sur le choix du véhicule, sur les services, les accessoires... De la simple réservation d'une journée à plus d'une semaine, Avis s'engage sur plusieurs critères, sans doute les plus importants. Proposition d'assurance, large choix de véhicules de l'économique au prestige (petites citadines, berlines équipée, 4x4, cabriolets, minibus, prestige, etc.) avec un système de réservation rapide et efficace. Partez en toute sérénité !

EN BUS

TRANS 80

Direction des transports scolaires et interurbains
11, Mail Albert 1er
Amiens
✆ 08 10 00 01 09
https://trans80.hautsdefrance.fr

Trans 80, c'est un service de bus mis en place par la Région Hauts-de-France qui permet à ses habitants de mieux circuler dans leur département et leur région. Un réseau de 53 lignes régulières permet de relier plus de 600 communes de la Somme. Vous pouvez même aller à la mer, à Cayeux-sur Mer par exemple, ou découvrir le parc du Marquenterre. Certaines lignes s'activent lors des jours de marché. Et grâce à cela, vous ferez également des économies, car les prix sont très accessibles et il existe des tarifs dégressifs pour les seniors de + de 65 ans, les jeunes de 12 à 25 ans et les scolaires. Un moyen économique et écologique de bouger. Il n'y a pas de raison de se priver !

EN TRAIN

D'authentiques voitures de la Belle Epoque, tractées par de toujours vaillantes locomotives à vapeur, transportent les touristes autour de la baie de Somme. Il suffit de se rendre aux gares du Crotoy, de Noyelles-sur-Mer, de Saint-Valery ou de Cayeux-sur-Mer.

CHEMIN DE FER DE LA BAIE DE SOMME
Saint-Valéry-sur-Somme
✆ 03 22 26 96 96
Voir page 110.

EN VÉLO

Vous trouverez des loueurs de vélo à Abbeville, Cayeux-sur-Mer, Saint-Valery-sur-Somme notamment.

© ALONBOU – STOCK.ADOBE.COM

De nombreuses pistes cyclables permettent la découverte de la baie de Somme à vélo.

HÉBERGEMENT

HÔTELS

HIDDEN BAY HÔTEL

192, rue du Maréchal-Foch
Cayeux-sur-Mer
✆ 03 22 30 54 53
www.hiddenbay.eu
info@hiddenbay.eu
Ouvert de mars à novembre. 8 chambres. Chambre double à partir de 160 € ; suite à partir de 255 €. Petit déjeuner inclus. Wifi. Restauration.

Il faut peut-être y mettre le prix, mais cet hôtel atteint un niveau d'exigence rare dans la région et vous fera passer un séjour chic et confortable, à seulement 150 m de la plage et du Chemin des Planches.

LE PARC AUX HUITRES

Pointe du Hourdel
Cayeux-sur-Mer
✆ 03 22 26 61 20
www.le-parc-aux-huitres.fr
leparcauxhuitres.lehourdel@gmail.com
Fermé pendant les vacances de Noël et le mois de janvier. 7 chambres. Chambre simple de 65 € à 75 € ; chambre double de 65 € à 75 € ; chambre triple 85 €. Pension complète. Demi-pension. Petit déjeuner : 10 €. Animaux acceptés (6 €). Restauration (ouvert tous les jours, menus de 18.90 à 42 € ; menu enfant 12 €).

Hôtel de bon confort, situé en plein cœur de la baie de Somme avec un point de vue imprenable sur la pointe du Hourdel, où l'on peut observer les phoques se prélasser au soleil. Grâce à sa situation exceptionnelle, c'est un havre de paix pour tous ceux qui souhaitent se retrouver dans le calme en harmonie avec la nature.

RÉSIDENCE LES TERRASSES DE LA PLAGE***

760, boulevard du Général-Sizaire
Cayeux-sur-Mer
✆ 03 22 26 19 41
www.madamevacances.com

Appartement F2 de 35 m² de 249 € à 379 € la semaine. Réductions sur le site Internet. Wifi gratuit.

Cette résidence extrêmement bien placée s'ouvre directement sur la mer et une immense plage de galets, au cœur de la station de Cayeux-sur-Mer. Les températures sont à peine assez chaudes ? On peut alors se rabattre sur la piscine intérieure chauffée ou sur la salle de fitness pour s'exercer et se réchauffer.

LE HOMARD GOURMAND/ HÔTEL LA TERRASSE***

1461, avenue de la Plage
Fort-Mahon-Plage
✆ 03 22 23 37 77
www.hotellaterrasse.com
info@hotellaterrasse.com
Accueil jusqu'à 15h. 57 chambres. Chambre double de 50 € à 124 € ; chambre triple de 77 € à 102 €. Pension complète (de 68 à 106 €, 3 nuits

minimum). Demi-pension (de 52 € à 89 €, 3 nuits minimum). Petit déjeuner : 11 €. Parking : 7 €. Les tarifs augmentent en haute saison (juillet-août). Wifi gratuit. Restauration.

Face à la mer, l'hôtel La Terrasse s'impose comme une des belles étapes de Fort-Mahon. Il est le point de départ idéal pour une balade au bord de la mer et pour partir à la découverte de la baie de Somme.

NATUROTEL

501, rue Robinson
Fort-Mahon-Plage
✆ 03 22 23 38 45
www.naturotel.com
contact@naturotel.com
A 2 km de la plage
et à 1 km de la baie d'Authie.

Clévacances (3 clés). Ouvert toute l'année. Accueil à partir de 16h. Tarifs dégressifs. La nuit pour 2 personnes, de 86 à 159 € selon la saison, pour 4 personnes, de 106 à 159 € et pour 6 personnes, de 138 à 177 €. American Express, Chèque Vacances. Animaux acceptés. Séminaires. Wifi.

Situé dans le vieux Fort-Mahon, ce site regroupe 22 chalets meublés tout confort. Une fois installés, vous pouvez partir à la découverte de la baie de Somme et du parc ornithologique du Marquenterre : un incontournable !

PIERRE & VACANCES VILLAGE CLUB BELLE DUNE****

Promenade du Marquenterre
Fort-Mahon-Plage
✆ 08 92 70 01 30
www.pierreetvacances.com
belle-dune@groupepvcp.com

La Clef Verte. Ouvert toute l'année. Accueil jusqu'à 22h (séjour semaine : Arrivée le samedi à partir de 17h, départ le samedi avant 10h). Pour 4 personnes (28 m²) : 169 € la nuit et 1150 € la semaine en haute saison. Pour 6 personnes 300 € la nuit et 250 € à partir de 2 nuits. Club enfants. Jeux pour enfants. Séminaires. Wifi. Service de ménage. Restauration. Salon de jardin, location de draps, lave-vaisselle. Hammam, sauna. Animations. Accès gratuit à l'Aquaclub (piscine intérieure et extérieure).

Voilà un site idéal pour passer vos vacances avec vos enfants, au cœur de la nature de la baie de Somme ! En plus de la proximité de la plage, vous trouverez ici un parc aquatique avec espace bien-être (hammam, sauna et soins à la carte), un golf de 18 trous réputé au milieu des dunes, plusieurs espaces de jeux extérieurs et une maison des petits intérieure adaptée aux enfants jusqu'à 3 ans, un service de locations de vélos, de karts à pédales et de rosalies, une mini-ferme, un jeu de tir à l'arc...

AUX 3 JEAN***

27, rue du Capitaine Guy Dath
Le Crotoy
✆ 03 22 27 16 17
www.aux3jean.com
auxtroisjean@orange.fr

Fermé en décembre. 14 chambres (dont 7 avec vue sur mer). Chambre double de 70 € à 98 € ; chambre triple de 93 € à 106 € ; suite de 86 € à 108 €. Demi-pension : 32 € (par personne). Petit déjeuner : 9,50 € (7 € pour les enfants). Wifi gratuit. Restauration (cuisine traditionnelle, plats locaux et fruits de mer).

Cet hôtel charmant a une situation privilégiée. L'établissement donne directement sur la plage, il fait face à la baie et au soleil de l'après-midi. Pour autant, les prix sont attractifs, même si vous choisissez une chambre avec vue sur mer. Les chambres sont assez simples, mais tout est là pour passer une ou plusieurs nuits confortablement, bercé par le bruit de la mer et le spectacle des marées de la Baie de Somme.

AUBERGE DE LA DUNE***

1352, rue de la Dune, Le Crotoy
✆ 03 22 25 01 88
www.auberge-de-la-dune.com
contact@auberge-de-la-dune.com

Logis. Ouvert toute l'année. 11 chambres. Chambre double de 91 € à 116 €. Demi-pension. Petit déjeuner : 13 €. Parking inclus. 1 chambre accessible PMR. American Express, Chèque Vacances. Animaux acceptés (supplément 15€). Wifi gratuit. Service de ménage. Restauration (menus de 19,9 € à 39,9 €).

Vous serez ici au centre des principaux points d'intérêt du secteur, à mi-chemin entre la baie de Somme et le parc du Marquenterre. Cet hôtel de campagne possède le gros avantage d'être très calme, et, même en haute saison, vous pouvez être sûr de profiter de la plus grande sérénité.

HÔTEL DE LA BAIE DE SOMME**

16, quai de l'Amiral-Courbet
Le Crotoy
✆ 03 22 27 80 65
www.hotel-baiedesomme.fr
contact@hotel-baiedesomme.fr

Logis. Fermé en janvier. 29 chambres. Chambre simple de 55 € à 65 € ; chambre double de 59 € à 110 € ; chambre triple de 75 € à 85 €. Petit déjeuner buffet : 11 € (gratuit pour les enfants de moins de 7 ans). Lit supplémentaire : 15 €. Lit bébé gratuit. Taxe de séjour : 0,90 € par jour et par personne. Deux chambres accessibles aux personnes à mobilité réduite. Animaux acceptés (7 €).

Sans doute l'une des meilleures adresses de toute la ville, tant pour l'accueil, le service, les prix abordables et la situation idéale, face au port et à 5 minutes de la plage. Le parc ornithologique du Marqueterie est lui aussi facilement accessible.

PIERRE ET VACANCES RÉSIDENCE PREMIUM DE LA PLAGE****

1, rue du Phare, Le Crotoy
✆ 03 22 19 29 30
www.pierreetvacances.com
reception.lecrotoy@groupepvcp.com

La Clef Verte. Fermé en janvier. Location à la nuitée (minimum 2 nuits en saison) ou à la semaine. Appartement 2 pièces 4 personnes, studio pour 4 personnes, appartement 2-3 pièces pour 6 personnes, duplex pour 6 à 7 personnes et maison pour 6 personnes. Tarifs variables selon la saison. Réductions sur le site Internet. Jeux pour enfants. Wifi. Massages d'une esthéticienne dans votre appartement.

Tous les appartements et maisons de cette résidence premium ont été récemment rénovés et arborent un design très chic. Vous passerez donc un séjour des plus luxueux et confortables, avec une vue imprenable sur la baie. Avec un peu de chance, vous entendrez peut-être les va-et-vient de la mer dans le silence de la nuit.

NOURRIR
ÇA VEUT DIRE
SOIGNER
UNE PERSONNE MALADE PEUT RAPIDEMENT SOUFFRIR DE MALNUTRITION.
SAVEZ-VOUS QUE LES MALADIES SONT L'UNE DES PRINCIPALES CAUSES DE LA FAIM DANS LE MONDE, FRAGILISANT ENCORE L'ORGANISME DES PLUS FAIBLES ? ALORS NOUS ŒUVRONS DIRECTEMENT AUPRÈS DES POPULATIONS POUR PRÉVENIR ET SOIGNER, AFIN QU'ELLES PUISSENT RETROUVER UNE VIE ET UNE ALIMENTATION NORMALES.
ACTION CONTRE LA FAIM
C'EST BIEN PLUS QUE NOURRIR.

LES TOURELLES

2-4, rue Pierre-Guerlain
Le Crotoy
✆ 03 22 27 16 33
www.lestourelles.com
info@lestourelles.com

35 chambres. Chambre double de 82 € à 146 € ; chambre triple de 143 € à 179 €. Chambre quadruple de 160 à 193 €. Petit déjeuner : 14 € (7 € pour les enfants). Lit Bébé : 10 €. Chambre quadruples de 164 à 197. Menu à partir de 31€. Animaux acceptés (7 € la nuit). Massages sur rendez-vous.

C'est l'un des hôtels les plus emblématiques de la ville, reconnaissable de loin avec ses deux tourelles élégantes et sa façade rouge que l'on ne peut manquer. L'établissement en lui-même semble hors du temps et depuis le lieu vous pourrez découvrir le plus beau panorama sur la baie de Somme de tous les hôtels du Crotoy. Pour ne rien gâcher, l'ambiance y est très chaleureuse et familiale.

DOMAINE DE DIANE*****

2, avenue des Pins
Quend
✆ 03 22 27 76 08
www.domainedediane.com
contact@domainedediane.com

Ouvert du 15 mars au 15 novembre. Espace villa ouvert toute l'année. Accueil jusqu'à 18h. La semaine : chalet 4 personnes de 370 à 820 € et chalet 6 personnes : de 410 à 1150 €. Hôtel chambre double de 630 à 910 € la semaine et loft de 600 à 1330 € la semaine avec cuisine. Animaux acceptés (chiens de moins de 10 kg autorisés pour 4 € par nuit sauf en juillet et en août). Wifi gratuit. Restauration (brasserie).

Le Domaine de Diane vous accueille dans un site protégé de 80 hectares à 5 minutes de la plage. Il dispose de 484 emplacements spacieux au cœur d'une végétation abondante et variée. Calme, détente et loisirs sont de mise. Les chalets et les résidences mobiles de deux à trois chambres proposés à la location sont spacieux et bien entretenus. Chaque emplacement est doté d'un barbecue, d'un salon de jardin et d'une terrasse. Depuis 2019, un hôtel a ouvert.

LE RESTAURANT DU FIACRE***

6, rue des Pommiers
Hameau de Routhiauville.
Route de Fort-Mahon
Quend
✆ 03 22 23 47 30
www.hotel-le-fiacre.fr
lefiacre@wanadoo.fr

Logis. Fermé du 1er au 15 janvier. Hôtel ouvert du mardi au samedi. Accueil jusqu'à 21h. 16 chambres. Chambre double à partir de 130,50 € ; chambre triple à partir de 135 € ; studio / appartement à partir de 148,50 € ; suite à partir de 320 €. Demi-pension : 190 € (pour deux personnes). Petit déjeuner : 15 €. Offre de dernière minute : 15% de réduction. Chèque Vacances. Séminaires. Réceptions et mariages. Wifi gratuit. Service de ménage. Restauration (menus de 16,90 à 53 €). Espace bien-être.

Une très agréable ferme picarde du XVIIIe siècle, aménagée en hôtellerie douillette, dans un petit hameau, à quelques minutes de Fort-Mahon. Un véritable havre de paix. Les chambres et les appartements proposent des ambiances différentes, tantôt rétro, tantôt plus contemporaines, mais avec toujours le même souci du confort.

HÔTEL BRASSERIE DES FRÈRES CAUDRON**

5, rue de la Barrière
Rue
✆ 03 22 25 74 18
www.hotelcaudron.com
hotelcaudron80@hotmail.fr

Ouvert toute l'année. Accueil jusqu'à 19h. 16 chambres. Chambre simple de 54 € à 80 € ; chambre double de 68 € à 98 € ; chambre triple de 81 € à 116 € ; suite de 112 € à 158 €. Petit déjeuner buffet : 9 € (4,50 € pour les moins de 10 ans). Lit supplémentaire : 10 €. Lit bébé gratuit. Soirée étape VRP : 76 €. Chèque Vacances. Animaux acceptés (supplément 5 €). Séminaires. Wifi gratuit. Service de ménage. Restauration (ouvert tous les jours midi et soir ; menus de 12,20 à 31 € et 9,10 € menu enfant). Location de vélo : 10 € par jour.

Seize chambres entièrement rénovées et agréablement aménagées vous attendent pour une nuit tout confort. A votre arrivée, vous serez ravi de trouver un sympathique plateau de courtoisie avec du thé et du café. Loin des établissements un peu vieillots sur lesquels on tombe généralement sur la côte, l'Hôtel des Frères Caudron (ainsi nommé en hommage aux pionniers de l'aviation nés non loin de là, à Favières) propose un intérieur cossu, dans des tons gris et bleus, avec une literie très confortable.

LA COLONNE DE BRONZE***

43, quai du Romerel
Saint-Valéry-sur-Somme
✆ 03 22 60 80 07
www.hotel-baie-de-somme.fr
la-colonne-de-bronze@wanadoo.fr

Accueil jusqu'à 21h (réception fermé de 11h à 17h le lundi et de 14h à 17h le dimanche). 15 chambres. Chambre double de 89 € à 159 € ; chambre triple 125 €. Demi-pension. Petit déjeuner : 13 € (et 5 € jusqu'à 10 ans). Lit supplémentaire : 15 €. Parking : 5 € (pour vélos et motos, places limitées). Lit bébé gratuit. Wifi. Restauration.

Le nom énigmatique de cet hôtel, plus que centenaire, nous rappelle que Saint-Valéry-sur-Somme, avant de devenir une station balnéaire, était une cité médiévale. L'accueil de l'hôtel est très professionnel et chaleureux. Une adresse pleine de charme et de grande qualité pour découvrir la baie de Somme !

LES CORDERIES****

214, rue Moulins
Saint-Valéry-sur-Somme
✆ 03 22 61 30 61
www.latabledescorderies.com
hotel@lescorderies.com

Ouvert toute l'année. 18 chambres. Chambre double de 180 € à 270 € ; suite de 300 € à 360 €. Pension complète. Demi-pension. Petit déjeuner : 18 €. Packages de 180 € à 320 €. Wifi. Restauration. Canal +. Hammam, bain bouillonnant, sauna.

Un hôtel magnifique au luxe raffiné, qui mérite bien ses quatre étoiles. Il est situé à l'écart de l'agitation, sur les hauteurs de la ville, offrant ainsi un calme et un panorama extraordinaires.

HÔTEL-RESTAURANT DU CAP-HORNU***

1350, chaussée du Cap-Hornu
Saint-Valéry-sur-Somme
✆ 03 22 60 24 24
www.baiedesomme.fr
cap.hornu@baiedesomme.fr

Ouvert toute l'année. Accueil jusqu'à 23h. 90 chambres. Chambre double de 100 € à 180 €. Petit déjeuner buffet : 14 €. Parking. Lit parapluie mis à disposition gratuitement. Promotions fréquentes. Chèque Vacances. Animaux acceptés. Wifi gratuit. Restauration (la Table du Cap, ouvert midi et soir, avec menus à 33 € et 43 €). Vente.

Difficile de ne pas avoir de coup de cœur pour cet établissement qui offre des atouts uniques. C'est tout d'abord l'hôtel qui est le plus avancé dans la baie de Somme, il est situé dans un écrin de verdure, à environ un kilomètre de la fin du quai de Saint-Valery. Cette localisation offre une quiétude recherchée et permet d'accéder en moins de 5 minutes à pied à des postes d'observation incomparables au bord de l'eau ou depuis la butte de la Chapelle des marins.

LE RELAIS GUILLAUME-DE-NORMANDY**

46, quai du Romerel
Saint-Valéry-sur-Somme
✆ 03 22 60 82 36
www.relaisguillaumedenormandy.com
relaisguillaume@gmail.com

Logis. 14 chambres. Chambre double de 85 € à 110 €. Petit déjeuner : 13 €. Soirée étape : 97 € pour une personne la nuit, le dîner et le petit-déjeuner. Animaux acceptés. Wifi gratuit. Restauration (menus de 22 à 52 €, menu enfant 11 €, fermé le lundi et mardi en basse saison. Bar salon de thé).

Un manoir de style Belle Epoque avec son élégante façade à pans de bois et son parc paysager et fleuri à la belle saison. L'hôtel compte 14 chambres romantiques qui ont été rénovées début 2020. Certaines disposent de balcons avec une vue imprenable sur la baie de Somme.

© JFBRUNEAU – STOCK.ADOBE.COM

Cabines de plage à Cayeux-sur-Mer.

GÎTES ET CHAMBRES D'HÔTES

LES GALETS BLEUS***

982, boulevard du Général-Sizaire
Cayeux-sur-Mer
✆ 03 22 26 81 95
www.hotel-cayeux-baiedesomme.fr

Ouvert toute l'année. Basse saison : chambre double de 79 € à 99 € ; chambre triple 94 €. Haute saison : chambre double de 89 € à 109 € ; chambre triple 104 €. Petit déjeuner : 7 €. Animaux acceptés (7€). Wifi gratuit. Restauration (menus de 24 à 32 €).

Les Galets Bleus est un hôtel 3-étoiles face à la mer, ce qui lui offre un cadre reposant et dépaysant. Il se compose de 12 chambres rénovées récemment, avec une literie confortable et des couleurs au goût du jour, sobres et élégantes. La plupart possèdent une vue imprenable sur la mer.

LES PORTES DU HÂBLE

Route des Canadiens
Cayeux-sur-Mer
✆ 03 22 26 58 74
www.lesportesduhablebaiedesomme.com
lesportes.duhable@wanadoo.fr

Gîtes de France (3 épis). Ouvert toute l'année. 5 chambres. Chambre double de 79 € à 165 € ; chambre triple de 119 € à 179 € ; suite de 99 € à 159 €. Petit déjeuner inclus. Lit supplémentaire : 30 €. Lit bébé jusqu'à 2 ans : 15 €. Chèque Vacances. Jeux pour enfants.

Cinq belles chambres et un loft avec balnéo privative pour deux personnes vous attendent dans cette vaste propriété aux belles pierres apparentes, et attenante à la réserve du Hâble d'Ault qui regorge d'une faune et d'une flore exceptionnelles (plus de 270 espèces d'oiseaux y trouvent refuge).

O MYLLE DOUCEURS

2, rue Florentin-Lefils
Le Crotoy
✆ 03 22 23 55 07
www.omylledouceurs.fr
location@omylledouceurs.fr

Chambre double à partir de 115 €. Petit déjeuner : 9,50 €. Lit supplémentaire : 10 €. Suite à partir de 130 euros – Loft à partir de 220 euros – Suite familiale à partir de 250 euros. Wifi gratuit.

Un véritable écrin raffiné et à la décoration délicate dans une superbe bâtisse du XIXe siècle. Les trois chambres proposées sont spacieuses et particulièrement confortables. Vous êtes certain d'y passer des moments relaxants, y compris dans son grand jardin, avec divers espaces de détente.

VILLA JOLIE BRISE

26, quai Courbet
Le Crotoy
✆ 06 74 81 32 35

5 chambres. Chambre double 60 €. Petit déjeuner inclus. Lit supplémentaire : 16 €.

Dans cette villa bourgeoise, les cinq chambres sont équipées d'un lit double avec salle de bains. La décoration comprend de vieux meubles en bois sombre et des parures de lit à carreaux colorés ou bien fleuries. L'endroit est idéal pour ceux qui préfèrent une atmosphère de type campagnarde et authentique.

VILLA LES MOUETTES BLESSEES
2, quai Léonard
Le Crotoy
✆ 06 22 97 54 61
villalesmouettesblessees@orange.fr
4 chambres. Chambre double de 72 € à 82 €.
Au Crotoy, on a le plaisir de contempler de nombreuses villas qui furent autrefois habitées par des personnages célèbres. La villa Les Mouettes Blessées a accueilli le grand artiste-peintre Toulouse-Lautrec en 1899, où il s'installa pour quatre semaines. Il s'offrit à l'époque un peu de repos après être sorti de la maison de santé de Neuilly. Aujourd'hui, la villa accueille les visiteurs et propose quatre chambres soigneusement décorées et très bien équipées. En plus, vous profiterez d'une vue sur la mer, de quoi mettre de bonne humeur de bon matin et donner l'envie de longues balades les pieds dans le sable.

VILLA SAINT-GEORGES
30, rue Victor-Petit
Le Crotoy
✆ 03 22 27 77 80
www.villa-st-georges.com
villasaintgeorges@wanadoo.fr
Gîtes de France (3 épis). 5 chambres. Chambre double de 80 € à 105 € ; chambre triple 185 €. Petit déjeuner inclus. Animaux 7 € par nuit. Restauration.
A une trentaine de mètres de la plage seulement et avec une vue imprenable sur la baie, cet établissement dispose de cinq chambres dont les doux noms sont une invitation à la détente au gré de l'air marin. Au rez-de-chaussée, vous trouverez de plus un petit espace restauration avec des plats maison simples mais réussis, comme la ficelle picarde.

LA FERMETTE DU MARAIS
360, route d'Abbeville, Rue
✆ 03 22 25 06 95
http://fermette-du-marais.com
accueil@fermette-du-marais.com
Autoroute A16 sortie 24, direction Rue sur 3 km, sur la gauche avec 1 étang (à côté de l'auberge Au Petit Chaudron).
Ouvert toute l'année. 3 chambres. Chambre simple de 62 € à 72 € ; chambre double de 78 € à 88 € ; chambre triple de 88 € à 98 €. Petit déjeuner inclus. Gîte studio de 435 à 545 € la semaine ; gîte appartement de 535 à 655 €. Wifi.
A la sortie de Rue, sur la route d'Abbeville, une allée discrète située sur la droite vous emmène au calme dans un parc charmant de 5 000 m² agrémenté d'un petit étang. Trois chambres d'hôtes tout confort vous attendent au rez-de-chaussée. A l'extérieur : piscine chauffée de mai à septembre, bassins à poissons, balançoire, ping-pong, babyfoot, etc.

LE CASTEL
Rue du Castel
Saint-Valéry-sur-Somme
✆ 03 22 60 45 79
www.castel-baie-de-somme.com
contact@castel-baie-de-somme.com
5 chambres. Chambre double à partir de 175 € ; suite à partir de 195 €. Petit déjeuner inclus. Lit supplémentaire : 50 €.
Une chambre d'hôtes de luxe située au cœur de la ville haute, à 100 mètres d'un superbe point de vue sur la baie de Somme, dans une demeure de caractère datant de 1850. Cette belle bâtisse a été construite sur les fondations de l'ancien château médiéval et est ceinturée de

remparts fortifiés. Les cinq chambres sont décorées avec goût et explorent des univers différents.

CHÂTEAU DU ROMEREL
15, quai du Romerel
Saint-Valéry-sur-Somme
✆ 03 22 26 54 10
http://chateauduromerel.com
contact@chateauduromerel.com

Chambre classique luxe et suites à partir de 170 € la nuit. Wifi gratuit.
Une chambre d'hôtes au charme et au cachet exceptionnels. L'élégant bâtiment est entouré d'un grand parc et possède une piscine couverte. De quoi passer un séjour très romantique et apaisant. L'emplacement est agréable, vous êtes proche des quais et de la cité médiévale mais le grand parc vous permet d'être au calme dans un écrin de verdure.

CAMPINGS

CAMPING DE LA VIEILLE ÉGLISE**
1, route des Canadiens
Cayeux-sur-Mer
✆ 03 22 26 63 23
www.camping-vieille-eglise.fr
camping.vieille.eglise@wanadoo.fr

Ouverture du 1er avril au 15 novembre. Réservation recommandée. Accueil jusqu'à 21h. Mobil-homes pour 2 à 6 personnes de 215 € à 660 € la semaine. 2 mobil-homme pour deux personnes de 185 à 456 €. Différents cottages disponibles. Chèque Vacances. Nouveauté : mobil-home pour personnes à mobilité réduite. Jeux pour enfants. Animaux acceptés (2€). Aire pour camping-cars. Wifi payant. Restauration (friterie et pizza). Animations en journée et en soirée.
Convivialité et confort sont les maîtres mots de ce camping. Il se distingue par ses emplacements vastes et soignés, d'environ 90 m² chacun. Vous y retrouverez des hébergements conventionnels, comme l'éternel mobile home, mais aussi des hébergements plus atypiques comme une maison de pêcheur, des chalets et un cottage méditerranéen. Pour les enfants, il y a une piscine extérieure chauffée à 27 °C (ouverte du 1er mai au 30 septembre) et un grand bassin couvert et chauffé à 27 °C, une aire de jeux, un billard, un baby-foot, un écran géant et des jeux vidéos...

LES GALETS DE LA MOLLIERE***
Rue Faidherbe
Cayeux-sur-Mer
✆ 03 22 26 61 85
www.campinglesgaletsdelamolliere.com
info@campinglesgaletsdelamolliere.com

Fermé du 2 novembre au 30 mars. Accueil jusqu'à 18h (et 20h en juillet-août). 194 emplacements. Exposition : mi-ombragé. Sol : herbeux. Emplacement de 22 € à 37 €. Mobil-homes pour 1 à 6 personnes de 315 € à 868 € la semaine. Mobil-homes pour 1 à 4 personnes de 79 € à 125 € la nuit ; mobil-homes pour 1 à 6 personnes de 93 € à 125 €. Jeux pour enfants. Restauration (snack-bar). Animations.

Ce camping bénéficie d'une superbe situation, entre pinèdes et dunes, aux portes de la charmante station de Cayeux-sur-Mer, réputée pour ses cabines de plage colorées. En empruntant la belle voie cyclable vous regagnerez la Baie de Somme et la célèbre cité médiévale de Saint-Valery en une demi-heure.

LE BOIS DE PINS***

Avenue Guillaume le Conquérant
Cayeux-sur-Mer
✆ 03 22 26 71 04
www.campingleboisdepins.com
info@campingleboisdepins.com

Fermé du 1er novembre au 31 mars. Emplacement de 22 à 31 euros la nuitée en fonction de la saison. Jeux pour enfants.

Si vous cherchez du calme, de la tranquillité et des balades en pleine nature, alors vous êtes au bon endroit ! Le Boix des Pins vous accueille dans une ambiance conviviale et familiale. Le camping s'étend sur 5 hectares et se trouve à seulement 800 mètres de la plage.

LA FERME DE MAYOCQ**

7 bis, rue de Mayocq, Le Crotoy
✆ 03 22 27 09 99
www.la-ferme-de-mayocq.com
contact@la-ferme-de-mayocq.com

Fermé de novembre à mars. Terrain de 2 ha. 58 emplacements. Sol : herbeux. Emplacement de 5 € à 9 €. Véhicule à partir de 3 €. 2 personnes à partir de 8 €. Mobil-homes de 50 € à 90 € la semaine. Chèque Vacances. Animaux acceptés. Wifi gratuit.

A 1 km de la plage et 1 km du centre-ville du Crotoy, au cœur de la baie de Somme, dans un cadre verdoyant, boisé et fleuri, la Ferme de Mayocq vous assurera calme et détente. Sur place, vous trouverez les équipements suivants : ping-pong, château gonflable, salle de remise en forme...

LE RIDIN****

Lieu-dit Mayocq, Le Crotoy
✆ 03 22 27 03 22
www.campingleridin.com
leridin@baiedesommepleinair.com

Fermé de novembre à mars. Réservation impérative. Terrain de 3 ha. 160 emplacements. Exposition : mi-ombragé. Sol : herbeux. Relief : plat. Cottage de 378€ à 1295€. Villa 3 chambres de 840€ à 1400€. Chèque Vacances. Club enfants. Jeux pour enfants. Animaux acceptés. Aire pour camping-cars. Connexion Internet gratuite. Wifi payant. Restauration (restaurant et brasserie). Bain bouillonnant. Animations.

Laissez-vous charmer par un art de vivre différent, dans ce corps de ferme typiquement picard doté d'une agréable piscine chauffée et d'une pataugeoire. A 3 km du centre-ville du Crotoy et de ses plages, le camping vous proposera au choix des mobil-homes et des cottages tout confort, et même une villa de trois chambres à la décoration simple, moderne et épurée, sans oublier les emplacements pour votre caravane, votre tente ou votre camping-car.

CAMPING DE LA MOTTE****

46, route de Froise
Monchaux
Quend
✆ 03 22 27 75 35
www.campingdelamotte.org
camping.de.la.motte@wanadoo.fr

Ouvert d'avril au novembre. Réservation impérative. Terrain de 2,5 ha. Mobil-homes pour 2 personnes de 240 € à 460 € la semaine ; mobil-homes pour 4 personnes de 300 € à 690 € ; mobil-homes pour 6 personnes de 390 € à 770 €. 20% de remise sur la deuxième semaine. Chèque Vacances. Jeux pour enfants. Animaux acceptés (sous réserve d'acception : 30 € la semaine ou 5 € la nuitée). Wifi gratuit. Restauration (bar, friterie et brasserie ouverts jusqu'en novembre). Hammam, bain bouillonnant.
Un beau camping 4-étoiles, qui fait oublier que l'on se trouve dans un hébergement de plein air, puisqu'il offre des prestations dignes d'une résidence de standing : piscine couverte et chauffée, espace spa avec sauna et bain bouillonnant, ainsi que de nombreuses activités.

LE CAMPING DES ROSES****

7, rue des Floralies
Quend
✆ 03 22 27 76 17
www.campingdesroses.com
info@campingdesroses.com

Fermé de début novembre à mi-mars. Accueil : 9 h – 12 h et 14 h – 18 h, et de 8 h à 20 h en juillet-août. Terrain de 9 ha. 256 emplacements. Exposition : ombragé. Sol : herbeux. Emplacement + véhicule (avec 6 A) de 22 € à 39 €. Mobil-homes pour 2 personnes de 67 € à 87 € la semaine ; mobil-homes pour 4 personnes de 82 € à 107 € ; mobil-homes pour 6 personnes de 100 € à 124 €. Location à la semaine : mobil-home pour 2 de 259 à 609 €, pour 4 de 322 à 770 €, pour 6 de 427 à 889 €. Club enfants. Jeux pour enfants. Connexion Internet. Wifi.
Ce camping est très réputé, notamment pour son espace aquatique qui a peu d'égal dans le région. Quelle que soit la météo, la piscine couverte, le grand toboggan, la pataugeoire et les animations aquatiques vont satisfaire tous les âges. Depuis les transats, vous apprécierez les belles lumières changeantes de la baie de Somme. Côté activités, le panel est riche.

DOMAINE DE LA DUNE FLEURIE***

11, avenue des Pins
Quend
✆ 03 22 23 40 41
dune-fleurie@capfun.com

Ouvert toute l'année. Gardé 24h/24 (06 08 22 37 39). Mobil-homes de 365 € à 903 € la semaine ; chalets de 297 € à 1 281 €. Adulte : 6,50 €. Enfant : 5,50 €. Forfait camping-car (2 adultes + emplacement + électricité 6A) : 15 €. Réductions pendant la basse saison. Kit bébé (lit parapluie, chaise haute, baignoire) 30 € la semaine l'été et gratuit hors saison sur réservation. Club enfants. Jeux pour enfants. Animaux acceptés (5 € par jour). Wifi payant. Restauration (friterie et restauration rapide). Animations.
56 hectares de nature vous attendent pour vos vacances en tentes, en caravanes en chalets ou en mobil-homes de 2 à 8 personnes. Le camping dispose d'un club enfant, d'une navette gratuite jusqu'à la plage ou le marché, d'un étang de pêche et de nombreux équipements comme un boulodrome, un mini-golf, une friterie, un snack, une supérette, une piscine avec des toboggans qui vous laisseront des souvenirs impérissables.

LE WALRIC****

345, route de Eu
Saint-Valéry-sur-Somme
✆ 03 22 26 81 97
www.campinglewalric.com
info@campinglewalric.com

Ouvert du 1er mars au 1er novembre. Accueil jusqu'à 20h (l'été et 18h hors saison). Terrain de 6 ha. Emplacement + véhicule + 2 personnes (avec 6 A) de 22 € à 39 €. Mobil-homes de 259 € à 609 € la semaine ; mobil-homes pour 4 personnes de 322 € à 770 € ; mobil-homes pour 6 personnes de 427 € à 889 €. Tarifs des mobil-homes pour une nuit : 67 à 90 € (pour 2), 82 à 110 € (pour 4), 100 à 129 € (pour 6). Club enfants. Jeux pour enfants. Animaux acceptés (3 € par jour). Wifi payant. Restauration. La piscine est ouverte du 1er avril au 30 octobre.

Ce camping bénéficie d'un emplacement unique et privilégié à moins d'1 km de la charmante cité médiévale et des vues superbes sur la Baie de Somme. Installé sur un beau terrain arboré, le camping dispose de terrains pour les tentes, les caravanes et les camping-cars. Vous pouvez également louer des mobile homes.

LE DOMAINE DU CHÂTEAU DE DRANCOURT*****

Estreboeuf
Saint-Valéry-sur-Somme
✆ 05 46 22 38 24
www.chateau-drancourt.fr
chateau.drancourt@wanadoo.fr

Ouvert d'avril à mi-septembre. 347 emplacements. Emplacement de 21 € à 55 €. Mobil-homes pour 4 à 8 personnes de 53 € à 271 € la semaine ; chalets pour 6 personnes à partir de 71 €. Club enfants. Wifi gratuit. Restauration. Animations. Rosalie. Karting. Poneys.

Le vaste camping s'étale dans le parc du château, ce qui fait de lui l'un des plus beaux campings des Hauts-de-France. Vous y trouverez deux piscines avec un toboggan aquatique, un terrain de mini-golf et des salles de jeux couvertes.

S'INFORMER SUR LA BAIE DE SOMME

OFFICES DE TOURISME

OFFICE DE TOURISME DE LA BAIE DE SOMME
1, place de l'Amiral-Courbet, Abbeville
✆ 03 22 24 27 92
Voir page 32.

OFFICE DE TOURISME
1, rue Carnot, Le Crotoy
✆ 03 22 27 05 25
Voir page 72.

OFFICE DE TOURISME
Quai Lejoille, Entrepôt des sels
Saint-Valéry-sur-Somme
✆ 03 22 60 93 50
Voir page 98.

MÉDIAS

Presse écrite

COURRIER PICARD
5, boulevard du Port d'Aval, Amiens
✆ 03 22 82 60 00
www.courrier-picard.fr
Parution quotidienne. 1,20 € pour les éditions du lundi au jeudi et le dimanche, 1,50 € pour celles du vendredi et du samedi.
Vous voulez être un vrai Amiénois ? Achetez le *Courrier Picard* ! Créé en 1944 (eh oui !), ce quotidien régional est désormais publié en sept éditions géographiques (Amiens, Sud Amiénois, Nord Amiénois, Picardie Maritime, Haute-Somme, Oise et Aisne). De quoi contenter tous les ex-Picards ! Les articles accordent une grande place à la vie quotidienne des habitants de la région mais fait également un tour d'horizon de l'actualité française et mondiale. Le *Courrier Picard* appartient au groupe de presse Rossel-La Voix, il n'est donc pas rare de lire des articles communs dans les différents journaux du groupe, ce qui permet de relier tous les habitants des Hauts-de-France.

Radio

FRANCE BLEU PICARDIE
Le Saint-Alban
2, rue du Maréchal de Lattre de Tassigny
Amiens
✆ 03 22 71 15 15
www.francebleu.fr/picardie
Amiens : 100.2 ; Abbeville : 100.6 ; Beauvais : 106.8 ; Péronne : 102.8.
Branchez-vous sur France Bleu Picardie, une antenne de Radio France, afin d'obtenir une foule d'informations locales. Le terroir et les traditions picardes y sont très souvent mis à l'honneur. Pour les amateurs de brocantes, l'antenne aime à mettre en relation les vendeurs d'objets rares avec les auditeurs. Pour des idées de sorties en Picardie et les découvertes de villages picards, suivez *Balade en Picardie* tous les jours à 7h40. Découvrez les saveurs gourmandes de la région avec *On cuisine ensemble*, du lundi au vendredi de 10h à 11h, et pour les fans de sport même en vacances, *100% clubs* vous donnera toutes les actualités. Une radio faite par des Picards pour des Picards !

Télévision

FRANCE 3 PICARDIE
25, rue Roger Martin du Gard
Amiens
✆ 08 90 71 10 00
Si la Picardie n'existe plus en tant que telle, l'antenne France 3 Picardie demeure. En plus de ses JT traditionnels, la chaîne régionale traite de la vie locale avec *Tribune Nord* qui réunit les passionnés de foot et le *Dimanche en politique Picardie* (le dimanche à 11h25). L'information est désormais élargie à tous les Hauts-de-France, notamment avec l'émission *Les Gens des Hauts* (le dimanche à 12h55), présentée par Kamini (à qui l'on doit le tube *Marly-Gomont*) qui part à la rencontre des personnes qui font la région, ou encore l'émission *Ensemble c'est mieux* (du lundi au vendredi à 10h50), qui apporte des solutions concrètes aux problèmes quotidiens des habitants.

INDEX

E

F

G

H

J - L

M

N

O

P

COLLABOREZ À LA PROCHAINE ÉDITION
BAIE DE SOMME

COLLABOREZ À LA PROCHAINE ÉDITION

BAIE DE SOMME

CARNET DE VOYAGE BAIE DE SOMME

LES NOUVELLES EDITIONS DE L'UNIVERSITE
18, rue des Volontaires - 75015 Paris.
✆ 01 53 69 70 00 - Fax 01 42 73 15 24
Internet : www.petitfute.com
SAS au capital de 1 000 000 € - RC PARIS B 309 769 966
Couverture : Phoques © Philippe Paternolli
Impression : IMPRIMERIE CHIRAT - 42540 Saint-Just-la-Pendue
Achevé d'imprimer : février 2021
Dépôt légal : 28/03/2021
ISBN : 9782305055435

Pour nous contacter par email, indiquez le nom de famille en minuscule suivi de @petitfute.com
Pour le courrier des lecteurs : info@petitfute.com

IMPRIMÉ EN FRANCE

PEFC™
10-31-1895
Certifié PEFC
Ce produit est issu de forêts gérées durablement et de sources contrôlées.
pefc-france.org